Orchideen

...problemlos pflegen

Ursula Kopp

Orchideen
...problemlos pflegen

Bassermann

Inhalt

Orchideen im Überblick

Eine der bemerkenswertesten Familien im Pflanzenreich sind die Orchideen mit ihren außergewöhnlichen Blüten und überraschenden ökologischen Aspekten. Das folgende Kapitel vermittelt Interessantes über Herkunft, Kulturgeschichte, Gliederung der Familie und Biologie der Pflanzen. Es soll Verständnis für Orchideen wecken, denn je mehr man über eine Pflanze weiß, desto artgerechter kann man sie pflegen.

Herkunft und Verbreitung

Orchideen sind, im Hinblick auf ihre geographische Verbreitung eine äußerst erfolgreiche Familie, die in etwa 1000 Gattungen gegliedert wird und 20 000 bis 30 000 Arten umfasst. Sie kommen weltweit vor und stoßen fast an natürliche Verbreitungsgrenzen, selbst innerhalb des Polarkreises kommen einige Orchideen-Arten vor. Die Arten sind jedoch keineswegs gleichmäßig auf Regionen verteilt. Die größte Artenvielfalt ist in den tropischen Zonen Amerikas, Asiens und Afrikas zu finden. Die Verbreitungsgebiete werden artenärmer, je weiter sie beiderseits vom Tropengürtel entfernt liegen. So stehen zum Beispiel den 150 Arten in Nordamerika über 8000 Arten in Süd- und Mittelamerika gegenüber. Die geographische Verbreitung zeigt darüber hinaus, dass jeder Kontinent seine eigenen Arten beherbergt und die Entstehung vieler Arten erst nach der Trennung der Kontinente erfolgte. Die klimatischen Bedingungen sind auch in den tropischen Regionen ausschlaggebend. So gedeihen die meisten Orchideen dort, wo es ganzjährig ausreichend Niederschläge gibt wie zum Beispiel in den tropischen Berg- und Nebelwäldern. Dort, wo es zu feucht oder zu trocken ist, vielleicht sogar wüstenähnliche Bedingungen herrschen, wachsen, wenn überhaupt, nur sehr wenige Arten. Auch in der Höhenverbreitung sind Orchideen aufgrund der dort herrschenden Klimabedingungen eingeschränkt. Allerdings wachsen in Südamerika in den Anden einige Arten sogar bis in Höhen von 4200 m, im Himalaja bis in 2600 m.

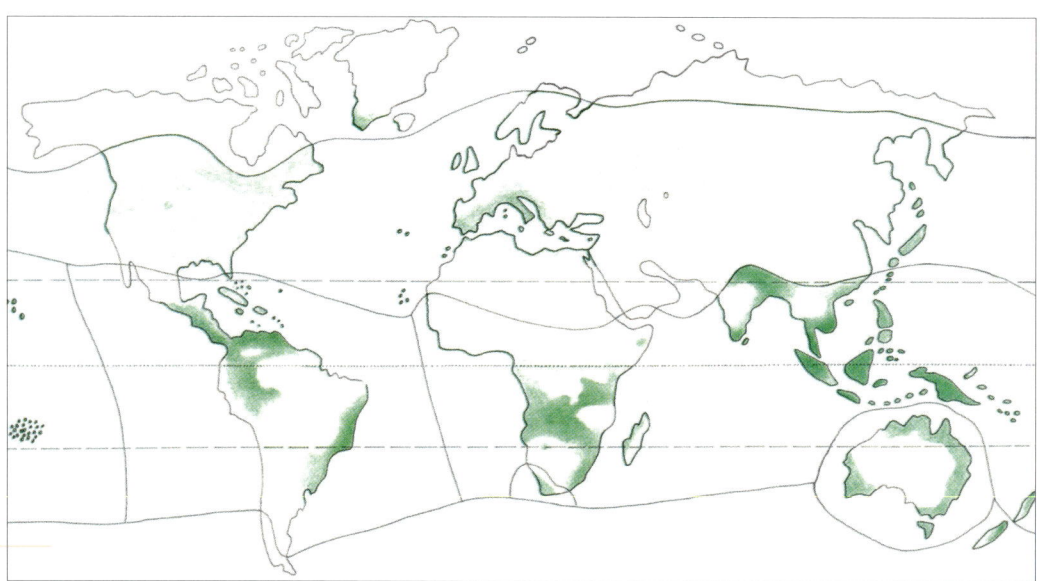

Orchideen sind weit verbreitet, die Artenvielfalt nimmt zum Äquator hin immer mehr zu.

Herkunft und Verbreitung

Geschichte der Orchideen

Die außergewöhnliche Gestalt der Orchideen hat schon in der Antike Interesse hervorgerufen. Orchideen wurden als Heilmittel, Dekoration und Aphrodisiakum verwendet oder spielten im Aberglauben eine große Rolle. Die ältesten Überlieferungen stammen aus China, Konfuzius (551–478 v. Chr.) berichtete über ihren Duft und verwendete sie als Schriftzeichen „Ián", was so viel wie Anmut, Liebe und Schönheit bedeutet. Die ältesten europäischen Überlieferungen stammen von dem griechischen Philosophen Theophrastus von Eresos (etwa 372–287 v. Chr.), der in seinem Werk „Historia plantarum" eine

Theophrastus

Pflanze mit zwei unterirdischen Knollen beschreibt und sie als „orchis" bezeichnet, was dem griechischen Begriff für Hoden entspricht.

Auch in Amerika (Mexiko) wurden Orchideen schon lange kultiviert. Noch bevor die Spanier das Land eroberten, schätzte

man vor allem die Früchte von „Tlilxochitl" (*Vanilla planifolia*) als Gewürz. Die Azteken verehrten „Coatzontecomaxochitl" (*Stanhopea*-Arten) als heilige Blumen und kultivierten diese in den Gärten ihrer Heiligtümer.

In Europa wurden im 16. Jahrhundert einige Orchideenarten in Kräuterbüchern erwähnt. So beschreibt Leonhart Fuchs in seinem 1543 erschienenen „New Kreüterbuch" auch 100 exotische Pflanzen. Die ersten Berichte über tropische Orchideen kamen dann von den Weltumseglern und Eroberern im 16. und 17. Jahrhundert. Jeder Expedition gehörte meist auch ein Naturwissenschaftler an. Da damals die Transportmöglichkeiten noch ungeeignet waren und die Reise zu lange dauerte, brachte der allerdings nur getrocknete Pflanzen und botanische Zeichnungen mit.

Leonhardt Fuchs

Bevor in Europa tropische Orchideen aus Übersee eingeführt wurden, kultivierte man schon lange Zeit heimische Orchideen in den Gärten. Die erste tropische Orchidee (*Brassavola nodosa*) erblühte 1615 in Holland. Vor allem aufgrund der weltweiten Vormachtstellung als Kolonialmacht gelangten viele Arten nach England, wo im 19. Jahrhundert zahlreiche Sammlungen entstanden. Vor allem Conrad Loddiges kultivierte Orchideen äußerst erfolgreich. Als 1818 bei William Cattley die erste *Cattleya labiata* blühte, galt die große, lavendelblaue Blüte als Sensation und führte zu einem immer höheren Bedarf an weiteren tropischen Orchideen.

In dem 1753 erschienenen Werk „Species plantarum" von Carl von Linné erhielten auch verschiedene Orchideenarten erstmals Namen nach der binären Nomenklatur. Mit seinem Werk „The Genera and Species of Orchidaceous Plants" (1830–1840) gilt John Lindley als eigentlicher Begründer der Orchideenkunde.

Aus Haeckels Kunstformen 1904

Es wurden immer mehr Sammler und Forschungsreisende um die Welt geschickt, um neue, unbekannte Arten zu finden und diese in die Sammlungen der zahlenden Gärtnereien und Privatpersonen einzugliedern. Die Anzahl der Importe verringerte sich erst, als Anfang des 20. Jahrhunderts die Orchideenzüchtung immer mehr an Bedeutung gewann.

In den letzten Jahrzehnten wurde die Orchideenkultur immer populärer und das Angebot sowie die Verfügbarkeit von Kulturhybriden wuchsen stetig. Auch immer mehr Amateure versuchten in den heimischen Zimmern, Vitrinen und Gewächshäusern Orchideen zu kultivieren. Heute ist die Kultur dieser wunderschönen Pflanzen nichts Ungewöhnliches mehr. Vor allem der Massenproduktion von Orchideen in Taiwan, Thailand und den Niederlanden ist es zu verdanken, dass die Preise der Pflanzen so gesunken sind, dass eine blühende Orchidee im Topf häufig preiswerter ist als ein durchschnittlicher Schnittblumenstrauß.

John Lindley

Biologie der Orchideen

Orchideen sind einkeimblättrige Pflanzen mit vielgestaltigen Blüten und Blütenteilen sowie einer außergewöhnliche Anpassungsfähigkeit an ihre Umgebung und deren Bedingungen. Der Name wird von dem griechischen Wort „orchis" (Hoden) abgeleitet, da die zwei Wurzelknollen einer Gattung der Knabenkrautgewächse eine hodenähnliche Form besitzen.

Von der hodenähnlichen Wurzelknollenform der Knabenkrautgewächse leitet sich der Name Orchidee ab.

Aufbau

Die Orchideenpflanze gliedert sich in Wurzeln, Spross und Blätter. Man unterscheidet zwei Wuchsformen: Bei einer *monopodial* wachsenden Orchidee wächst der Neutrieb in einer Richtung, nämlich aufrecht. An der Spitze der Hauptachse werden immer wieder neue Blätter gebildet und sind in zwei gegenüberstehenden Reihen angeordnet. Im Laufe der Zeit sterben die Blätter von unten her ab, sodass nach und nach ein Stamm entsteht. Die Blütenstände oder Einzelblüten entstehen seitlich der Hauptachse aus den Blattachseln. Die Wurzeln entwickeln sich an der Stammbasis. Die Gattung *Phalaenopsis* ist ein typischer Vertreter der monopodial wachsenden Orchideen.

junges, gefaltetes Blatt

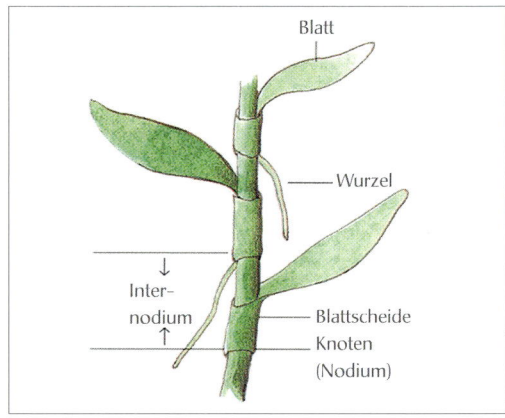

Blatt

Wurzel

Inter-
nodium

Blattscheide
Knoten
(Nodium)

Monpodiale Wuchsform bei gestauchter (oben) und verlängerter Sprossachse (unten)

Wesentlich häufiger kommt die *sympodiale* Wuchsform vor, die eine meist kriechende oder liegende Hauptachse hat. Sympodial wachsende Orchideen besitzen mehrere verdickte Sprosse, so genannte *Pseudo- oder Scheinbulben*, die über die Hauptachse verbunden sind. Sie dienen als Speicherorgane für Wasser- und Nährstoffe, mit deren Hilfe die Pflanzen längere Trockenperioden überstehen. Einmal im

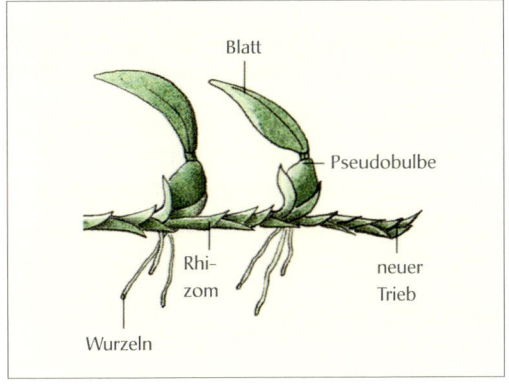

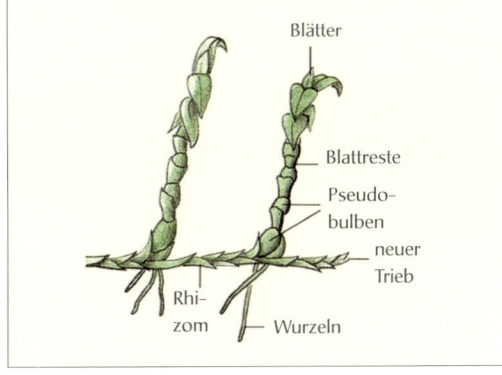

Sympodiale Wuchsform mit eingliedrigen (oben) und mehrgliedrigen (unten) Pseudobulben

Jahr wächst aus einem Auge an der Pseudobulbe des letzten Jahres der Neutrieb. Bei jedem Neutrieb wächst die Hauptachse ein Stück mit und bildet auch neue Wurzeln. Die Pseudobulben können sehr unterschiedlich in Form und Größe sein. Von eiförmig (*Lycaste* und *Odontoglossum*) über flach (einige *Oncidium*-Arten) bis rund (einige *Encyclia*-Arten) oder lang und dünn (*Dendobrium* und *Epidendrum*). An der Seite der Pseudobulben entwickeln sich die einzeln oder zu mehreren stehenden Blätter.

Die Blätter

Sie zeigen Anpassungsformen an die unterschiedliche Lebensweise der einzelnen Gattungen. Einige fungieren als Wasserspeicher und sind fleischig, andere sind dünn und großflächig; sie können sogar bis auf Schuppen reduziert sein. Ein typisches Merkmal der Orchideen sind die parallel verlaufenden Blattnerven, ein Zeichen für die Zugehörigkeit zu den einkeimblättrigen Pflanzen. Die Blätter überdauern mehrere Jahre oder werden nur für eine Vegetationsperiode ausgebildet. Auch die Farbe der Blätter spielt als Anpassung an den natürlichen Lebensraum eine Rolle. Sie kann von hell- bis dunkelgrün und braunrot variieren.

Die Wurzeln

Sie sind relativ dick und fleischig und haben in erster Linie die Funktion, Wasser und Nährstoffe aufzunehmen. Bei den *Luftwurzeln* wird die eigentliche Wurzel von einer Schicht weißlicher Zellen, dem *Velamen* umgeben. Es besteht aus abgestorbenen mit Luft gefüllten Gewebeteilchen und dient einerseits als Schwamm, um Wasser aufzusaugen und andererseits als Schutz vor Hitze und Wasserverlust. Dieser spezielle Schutz der Wurzeln wird vor allem von den epiphytisch wachsenden Orchideen benötigt.

Die Blüte

Die Form der Blüten ist überaus vielfältig, alle denkbaren Form- und Farbschattierungen sind vertreten. Einige Arten bilden nur Einzelblüten, andere Blütenstände mit zwei oder unzählig vielen Blüten, wieder andere dicke, hängende Blütentrauben

oder Blütenähren. Die Farbpalette ist weit gefächert, nur Blau kommt selten vor. Häufig sind einzelne Blütenblätter unterschiedlich gefärbt oder mit Punkten, Streifen oder Marmorierungen geschmückt.

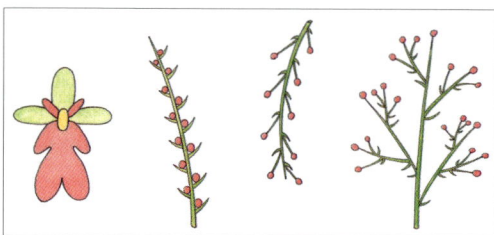

Die vier möglichen Formen der Blütenstände (v.l.n.r.): einblütig, ährenförmig, traubenförmig, rispenförmig

Die typische Orchideenblüte besteht aus 5 dreizähligen Kreisen: einem äußeren Kreis aus 3 Kelchblättern, den *Sepalen*, und einem inneren Kreis aus 3 Kronblättern, wobei 2 davon als *Petalen* bezeichnet werden. Das dritte, meist besonders auffallend ausgebildete Kronblatt wird als *Lippe* bezeichnet. Auf diese beiden Blütenblattkreise folgen die beiden Staubblattkreise und der Fruchtblattkreis.

Die beiden fruchtbaren Staubblätter sind mit Narbe und Griffel zu einem besonderen Organ, der *Säule (Columna, Gynostemium)* verwachsen. Der Blütenstaub ist meist zu einem kompakten Gebilde, dem *Pollinium*, verklebt, bei der Bestäubung wird dieses als Ganzes übertragen.
Es werden zwei Arten von Blüten unterschieden: die *zweimännige (diandrische)* Blüte mit 2 fruchtbaren Blütenblättern und die *einmännige (monandrische)* Blüte mit einem fruchtbaren Staubblatt. Kennzeichen der diandrischen Orchideen ist die schuhförmige Lippe (*Labellum*). Sie gehört

zusammen mit den seitlichen Petalen zum inneren Blütenblattkreis. Der äußere Blütenblattkreis wird aus den 3 *Sepalen* gebildet. Die beiden seitlichen Sepalen sind zusammengewachsen und stehen meist hinter dem Schuh. Die obere Sepale wird auch als *Fahne* bezeichnet und ist farblich meist auffällig gestaltet. Bei monandri-

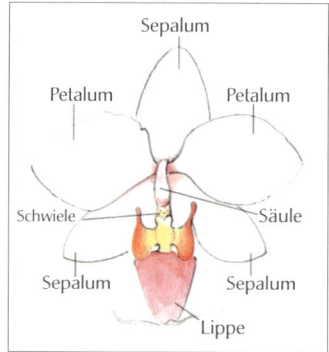

Orchideenblüten: Phalaenopsis

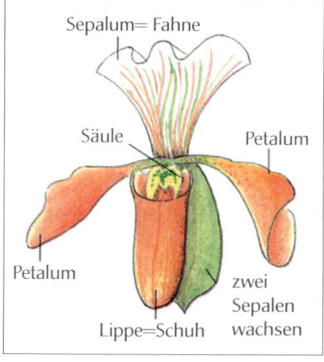

und Paphiopedilum

schen Orchideen ist die Lippe oft trichter- oder röhrenförmig ausgebildet, auffallend gefärbt und zählt ebenfalls zum inneren Blütenblattkreis. Beim äußeren Blütenblattkreis kann die obere Sepale gleich oder unterschiedlich wie die übrigen Sepalen gestaltet sein.

Der Blütenstand ist entweder end- oder achselständig mit dichter oder lockerer

Der Gelbe Frauenschuh ist eine der prächtigsten wildwachsenden Orchideen.

Anordnung der Einzelblüten. Meist öffnen sich die Blüten fast gleichzeitig, bei einigen Orchideen blühen jedoch die Blüten von unten nach oben nacheinander auf zum Beispiel bei Phalenopsis.

Die eigentliche Bestimmung der Blüte, ihres Duftes, ihrer Farbe und Haltbarkeit ist die Bestäubung, um damit die Vermehrung zu sichern. Daraus folgt, dass die Blüte so lange hält, wie eine Bestäubung durch Insekten oder Vögel möglich ist. Nach der Bestäubung verwelken die Blütenblätter und der unterständige Fruchtknoten schwillt an, er bildet nach der Reife die Samenkapsel. Sie enthält den sehr leichten Samen, dessen Entwicklung mehrere Monate dauern kann. Die Samenkapsel reißt an 3 oder 6 Längsnähten auf und entlässt so die zahlreichen sehr leichten Samen. Sie werden vom Wind oft über große Entfernungen verbreitet.

Phalaenopsis
Hybride

Benennung der Orchideen

Paphiopedilum Hybride

Sie folgt ganz bestimmten Regeln, diese sind im Internationalen Code der Botanischen Nomenklatur (ICBN) zusammengefasst. Während alle unsere heimischen Orchideen wissenschaftliche und deutsche Namen tragen, gibt es für die tropischen Arten meist nur botanische Bezeichnungen. Wie bei allen Pflanzen besteht auch der wissenschaftliche Name einer Orchidee aus zwei Teilen: dem lateinischen Gattungsnamen (zum Beispiel *Paphiopedilum*) und dem Artnamen (zum Beispiel *callosum*).

Arthybriden oder Artbastarde sind Kreuzungen zwischen zwei Arten der gleichen Gattung zum Beispiel *Cymbidium ballianum*, gärtnerisch entstanden aus *Cymbidium eburneum* und *Cymbidium mastersii*.

Gattungshybriden sind Kreuzungen zwischen Arten und Hybriden verschiedener Gattungen. Der Name setzt sich dann aus den beteiligten Pflanzen zusammen. Vor ihrem Namen sollte stets „x" stehen zum Beispiel x *Schombocattleya* für eine Kreuzung zwischen den Gattungen *Schomburgkia* und *Cattleya*.

Mehrgattungshybriden entstanden durch Kreuzung von drei oder mehr Gattungen zum Beispiel *Schombolaeliocattleya* aus der Kreuzung von *Schomburgkia, Laelia* und *Cattleya*.

Sorten nennt man ausgesuchte Exemplare reiner Arten oder Hybriden, die vegetativ weitervermehrt werden. Sie werden durch einen dritten Namensteil, der in Anführungszeichen gesetzt ist, kenntlich gemacht zum Beispiel 'Butterfly'.

Im vorliegenden Buch wurden die derzeit im Handel gebräuchlichen Benennungen verwendet.

Kleines Orchideenlexikon

Anthere:
Staubbeutel; Teil der Staubblätter, der die Pollensäcke trägt

Bastardisierung:
Vermischung

Bifoliate:
Pflanze mit 2 Blättern pro Sprossknolle

Blüteninduktion:
durch äußere Reize (Licht, Temperatur) ausgelöstes Anlegen der Blüte

Bulben:
verdickte Pflanzensprosse

Caudicula (ae):
klebrige Fortsätze der Pollinien

Columna:
Verwachsungsorgan von Staubblättern und Narbe

diandrisch:
zweimännig; Blüte hat 2 Staubblätter

Epiphyt (epiphytisch):
Pflanze, die nicht in der Erde wurzelt, sondern auf anderen Pflanzen z.B. Bäumen wächst

Fahne:
umgebildetes, nach außen weisendes Blütenblatt einer Orchideenblüte; meist groß und anders gefärbt als die übrigen Blütenblätter

Gynostemium: → Columna

Hybrid:
Bastard oder Mischling, dessen Eltern unterschiedliche erbliche Merkmale besitzen

Kindel:
Bildung einer Jungpflanze an der Mutterpflanze ohne Befruchtung

Labellum: → Lippe

Lippe:
charakteristisch ausgebildetes inneres Blütenblatt

Lithophyt (lithophytisch):
auf Felsen oder Steinen wachsende Pflanze

monandrisch:
einmännig; Pflanze mit einem fruchtbaren Staubblatt

monopodiales Wachstum:
Pflanzen mit einer Sprossachse, die an ihrer Spitze ständig weiterwächst

Mykhorizza:
Wurzelsymbiose; Pilze leben an oder in
den Wurzeln höherer Pflanzen zum gegen-
seitigen Nutzen

Petalen:
Kron- oder Blütenblätter, die mit der Lippe
den inneren Blütenkreis bilden

Pollinium:
verklebte Masse der Pollenkörner eines
Pollensacks

Pseudobulben: Scheinbulben → Bulben

Rhizom:
horizontal ober- oder unterirdisch verlau-
fender Spross

Rostellum:
Teil der Narbe; Narbenlappen, der den
Staubbeutel von der empfängnisfähigen
Narbenfläche trennt

Sepalen:
Kelchblätter, Blütenhüllblätter

Sorten:
erbgleiche Pflanzen, die vegetativ vermehrt
wurden; auch Klon oder Kultivar genannnt

Sphagnum:
Neuseelandmoos, wasserspeichernde
Substratzugabe

Stipes:
dehnbares Gewebeband zwischen Kleb-
scheibe und Pollinien

sympodiales Wachstum:
Pflanzen besitzen eine Scheinachse, die
aus Verzweigungen aufeinanderfolgender
Sprossglieder besteht

Teresit (terrestrisch):
im Boden wurzelnde Pflanze

Velamen:
wasseraufnehmendes Gewebe der Luftwurzeln

Viscidium:
Klebescheibe, dient bei der Bestäubung
zum Anhaften der Pollinien

Auswahl, Kauf
und Standort

Für welche Orchidee man sich entschei-
det, hängt vom persönlichen Geschmack,
von bestimmten Vorlieben für Blüten-
farben und -formen, vom zur Verfügung
stehenden Standort und natürlich auch
vom Preis ab. Deshalb sollte der „Orchi-
deen-Einsteiger" nicht gleich nach teuren
Raritäten greifen, sondern sich für anpas-
sungsfähige und pflegeleichte Naturformen und Hybriden entscheiden.

Auswahl und Kauf

Der Kauf von Pflanzen ist Vertrauenssache. Schon deshalb ist es ratsam, Orchideen nur in einem Fachgeschäft zu kaufen. Optimal ist es, wenn die Möglichkeit besteht, einen Händler zu finden, der sich auf Orchideenkultur spezialisiert hat. Denn hier gibt es nicht nur ein großes Angebot,

ob die gewünschten Arten und Hybriden lieferbar sind. Dabei ist es wichtig, die jeweiligen Versandbedingungen zu kennen. Steht zum Beispiel eine bestellte Art oder Sorte gerade nicht zur Verfügung, wird manchmal eine Ersatzpflanze geliefert. Ist die Witterung ungünstig, verschiebt der

Orchideengärtnereien bieten eine große Auswahl und fachmännischen Rat.

sondern auch fachlichen Rat zu Auswahl und Pflege, was insbesondere für Anfänger in der Orchideenkultur unabdingbar ist. Die meisten Orchideengärtnereien sind darauf eingestellt, die Pflanzen auch per Post zu versenden. Anhand von Pflanzenlisten und Katalogen kann man seine Auswahl treffen und gleich feststellen,

Händler den Versand. Die Auswahl wird nicht nur durch das Angebot, sondern vor allem durch die Kulturbedingungen der jeweiligen Orchideen sowie vom künftigen Standort bestimmt. Sollen die Pflanzen auf der Fensterbank, in einem Blumenfenster oder einem Kleingewächshaus kultiviert werden.

Ebenso wichtig ist der zur Verfügung stehende Platz. Eine Orchidee, die bis zu 1 m hoch wächst oder während der Vegetation große Blütenstände (zum Beispiel bei einigen Arten von *Odontoglossum*) trägt, eignet sich nicht für die Fensterbank. Will man aufgrund von Platzmangel zwergwüchsige Arten kultivieren, ist zu beachten, dass fast alle Zwergorchideen Epiphyten sind und viele sich nur in Blockkultur halten lassen.

Worauf ist beim Kauf zu achten?

Beim Kauf sollte man sich nicht nur an der Blütenpracht orientieren, sondern die gesamte Pflanze begutachten. Eine gesunde Orchidee ist an straffen Pseudobulben, zahlreichen Neutrieben, gesundem, fle-

Tipp

Wer erstmals Orchideen bestellt und noch unsicher ist, kann sich vom Orchideengärtner die für ihn passende Pflanze heraussuchen oder für eine bestimmte Summe ein kleines Sortiment zusammenstellen lassen.

ckenlosem Laub sowie vielen Blütentrieben und Knospen zu erkennen. Jede Orchidee muss korrekt mit ihrem (wissenschaftlichen) Namen gekennzeichnet sein, nur dann kann man mehr über die Pflanze und ihre spezielle Pflege erfahren. Vor allem für Anfänger in der Orchideenkultur empfehlen sich Hybriden statt Naturformen, weil sie in der Regel pflegeleichter und besser an unsere Klima- und Lichtverhältnisse angepasst sind.

Die meisten Phalaenopsis haben unterschiedlich gefärbte Lippen und Kelchblätter.

Der Standort

Da die Pflanzen bereits beim Heimtransport durch größere Temperaturdifferenzen einen Schock erleiden können, müssen sie im Winter gut eingepackt werden. Auch der neue Standort zu Hause bedeutet eine dürften. Aber auch im Haus und in der Wohnung lassen sich Plätze finden, die man, wenn nötig auch mit einigen technischen Hilfsmitteln, in ein kleines Blütenreich verwandeln kann.

Viele Orchideen sind an einem sonnigen Fenster gut aufgehoben.

Stresssituation, die Knospen können gelb werden und abfallen. Deshalb sollten die Pflanzen voll aufgeblüht sein oder noch sehr junge Blütenstände haben.

Orchideen lassen sich auf vielfältige Weise unterbringen, obwohl manche Arten nur unter ganz bestimmten Bedingungen gedeihen. Der ideale Kulturraum für die Pflanzen ist ein Gewächshaus, das allerdings nur wenige Pflanzenfreunde besitzen

Die Fensterbank

Die Fensterbank wird sicherlich zuerst als Standort genutzt, auch wenn hier die Kultur etwas problematisch sein kann. Denn sie bietet nicht viel Platz für mehrere Pflanzen. Diese dürfen sich zwar gegenseitig berühren, vor allem aber aus optischen Gründen keinesfalls gegenseitig behindern. Um Platz zu schaffen, kann man die Fen-sterbank zum Raum hin verbreitern. Mit der richtigen Pflanzenauswahl und

einigen technischen Tricks lässt sich also auch hier ein gutes Quartier schaffen. Sind die Lichtverhältnisse ausreichend, spielt es grundsätzlich keine Rolle, in welcher Himmelsrichtung das Fenster liegt. Im Hinblick auf das Lichtangebot ist ein nach Osten oder Westen gerichtetes Fenster der ideale Platz für Orchideen. Im Osten spendet die Morgensonne viel Licht und gibt noch nicht zu viel Wärme ab. Im Westen muss man in den Sommermonaten eventuell beschatten, damit die Pflanzen nicht durch die direkte Sonneneinstrahlung überhitzt werden. Unbedingte Beschattung ist bei einem Südfenster erforderlich. Schattenverträgliche Orchideen lassen sich auch an einem Nordfenster kultivieren, sofern es dort ausreichend hell ist.

Häufig befindet sich unter der Fensterbank ein Heizkörper. Das hat Vor- und Nachteile. Auf einer kalten, steinernen Fensterbank fühlen sich Orchideen nicht wohl (hier muss für von unten isoliert werden), sie haben lieber einen „warmen Fuß". Jedoch darf die nach oben steigende Warmluft die Pflanzen nicht austrocknen. Deshalb muss für ausreichend Luftfeuchtigkeit gesorgt werden. Dafür eignen sich zum Beispiel mit Wasser gefüllte flache Schalen, in die man die Orchideen auf einen Gitterrost stellt, sodass sie nicht im Wasser stehen.

Das Blumenfenster
Es bietet wesentlich bessere Möglichkeiten für die Orchideenkultur, erfordert allerdings gute Kenntnisse über die Lebensweise der Pflanzen sowie einigen technischen Aufwand. Denn die technische Ausrüstung ist mitbestimmend für den Erfolg. Hierzu gehören zum Beispiel eine Beschattungseinrichtung, Messgeräte für Temperatur und Luftfeuchtigkeit, eine Zusatzbeleuchtung und Ventilatoren zur Belüftung. Man unterscheidet das *offene* und das *geschlossene* Blumenfenster, also entweder zum Raum hin frei zugänglich oder nach außen ragend und mit einer Scheibe abgeschlossen. Das offene Blumenfenster hat den Vorteil, dass sich aufgrund der Raumheizung eine zusätzliche Heizung meist erübrigt. Die Schattierung im Sommer ist einfacher, im Winter hingegen kann Lichtmangel entstehen, was eine Zusatzbelichtung erforderlich macht. Zudem muss wegen des trockenen Raumklimas für Luftfeuchtigkeit gesorgt werden.

Im geschlossenen, nach außen ragenden Blumenfenster erhalten die Pflanzen mehr Licht, kühlen jedoch im Winter wesentlich stärker aus. Deshalb ist eine Zusatzheizung nötig, deren Temperatur sich regeln lässt und laufend kontrolliert werden muss. In dem kleinen, geschlossenen Raum sorgt das Gieß- und Sprühwasser für ausreichend Luftfeuchtigkeit, stehende Luft wird durch einen eingebauten Ventilator vermieden.

Die Pflanzenvitrine

Sie hat einen hohen dekorativen Wert und kann der Blickpunkt in einem Wohnraum sein. Dem Liebhaber bieten sich verschiedene schöne wie zweckmäßige Formen an. Ein geübter Heimwerker kann sich die Vitrine auch selbst nach Maß anfertigen. Da Zimmervitrinen in der Regel nach den Gesichtspunkten der Wohnraumgestaltung aufgestellt werden, gehört wegen der

In einer Pflanzenvitrine herrscht ein eigenes Mikroklima, das die Kultur auch schwieriger Orchideen erlaubt.

häufigen mangelnden Lichtverhältnisse allerdings viel Erfahrung dazu, Orchideen hier zu kultivieren und sie zum Blühen zu bringen. Die Vitrine muss mit Zusatzleuchten, einem Thermometer und Hygrometer ausgestattet sein. Elektrische Installationen sollten allerdings vom Fachmann eingebaut werden. Man sollte die Pflanzenvitrine auch bevorzugt mit Orchideen bepflanzen, die keine allzu großen Lichtansprüche stellen.

Der Wintergarten

Dem Wunsch nach Naturnähe und dem Wohnen mit Pflanzen kommt man nirgends näher als im Wintergarten. Wenn hier Orchideen gehalten werden sollen, muss er beheizbar, gut zu belüften und zu beschatten sein. Ist der Wintergarten zum Wohnraum hin offen, ist eine Zusatzheizung jedoch nicht nötig, es sei denn, man will wärmeliebende Orchideen pflegen. Was die Lichtverhältnisse angeht, eignet sich der Wintergarten ideal, wenn auch im Winter eine Zusatzbeleuchtung sinnvoll erscheint. Hier bieten sich auch zahlreiche Möglichkeiten, für die erforderliche Luftfeuchtigkeit zu sorgen.

Das Kleingewächshaus

Ein Gewächshaus ist natürlich der beste Platz für die Orchideenkultur. Hier können viele Pflanzen untergebracht werden und sich pflegen lassen, ohne dass man Rücksicht auf Einrichtungsgegenstände im Wohnbereich nehmen muss. Da Anschaffung und Unterhalt eines Gewächshauses doch mit einigem (Kosten-) Aufwand verbunden ist, eignet es sich vor allem für den passionierten Orchideenliebhaber. Vorab muss gut überlegt werden, in welcher Richtung das Gewächshaus aufgestellt werden soll. Bei einer Nord-Süd-Ausrichtung ist ein gleichmäßiger Lichteinfall gewährleistet. Baut man Tische und Regale ein, wird der Raum optimal ausgenutzt. Eine Heizung, Zusatzbeleuchtung, Wasserleitung und Schattierung gewährleisten eine perfekte Orchideenkultur.

Der ideale Standort für ein Gewächshaus ist wegen der Versorgungstechnik nahe beim Wohnhaus sowie in der Nähe eines Laubbaums, der im Sommer Schatten spendet und im Winter genügend Licht durchlässt.

Pflegen, verpflanzen und vermehren

Orchideen wachsen im Gegensatz zu den meisten Zimmerpflanzen nicht in Erde, sondern in einem speziellen Pflanzsubstrat. Grundvoraussetzung für eine erfolgreiche Kultur ist, ihre Ansprüche an Licht, Luft, Feuchtigkeit, Temperatur und Nährstoffen harmonisch aufeinander abzustimmen. Das folgende Kapitel enthält hierzu sowie zu verschiedenen Methoden der Vermehrung zahlreiche Anleitungen.

Pflege rund ums Jahr

Stammt eine Kulturpflanze aus einem völlig anderen Klimabereich, muss man ihre Ansprüche und Bedürfnisse genau kennen, da ihre Lebensbedingungen mehr oder weniger künstlich herbeigeführt und reguliert werden. Je genauer man den Aufbau der Orchidee und die ökologisch-klimatischen Gegebenheiten ihres natürli-

Zeit	Vegetationsphase
Spätwinter/ Frühjahr	Neutrieb
Frühsommer/ Frühherbst	Wachstum
Herbst/Winter	Ruhezeit/Blütezeit

Werden ihre besonderen Pflegewünsche erfüllt, zeigen sich Orchideen blühfreudig und langlebig.

chen Standorts kennt, desto besser lassen sich die erforderlichen Bedingungen in der Kultur imitieren.

Auch das Leben der Orchideen ist vom Wechsel aus Wachstums- und Ruheperioden geprägt. Die Ruhezeit entspricht den tropischen Trockenperioden (etwa zeitgleich mit unserem Winter). Viele Orchideen blühen zu Beginn oder während der Ruhezeit, manche kurz danach. In dieser Zeit darf ihnen nur wenig Feuchtigkeit zugeführt werden, da sie sonst nicht blühen oder nur schwache neue Triebe ausbilden. Orchideen mit derben Blättern oder dicken Bulben brauchen eine Trockenperiode. Orchideen mit zarten Blättern und stark reduzierten bzw. gar keinen Bulben dürfen nie völlig austrocknen.

Licht

Für alle Pflanzen ist Licht Lebensgrundlage, da es die zum Pflanzenaufbau nötige Energie liefert. Damit tropische Orchideen auch in unseren Breitengraden gedeihen, ist es zweckmäßig, sich bei der Pflege an den klimatischen Verhältnissen in ihrem Ursprungsland zu orientieren. Diese unterscheiden sich natürlich wesentlich von jenen in unseren Regionen: Die Tage sind nahezu immer 12 Stunden lang und die Lichtintensität ist das ganze Jahr hindurch gleich hoch. Bei uns hingegen stehen lange Tage im Sommer den kurzen Tagen im Winter gegenüber. Die Lichtintensität im Sommer ist also wesentlich höher als im Winter.

In der lichtarmen Zeit lässt sich mittels einer künstlichen Lichtquelle ein 12-Stunden-Tag erreichen. Im Sommer hingegen ist aufgrund zu intensiver Sonneneinstrahlung eine Beschattung erforderlich. Dies gilt insbesondere für Süd- und auch Westfenster (zum Beispiel mit Markisen oder Lamellenjalousien), sowie in jedem Fall für das Gewächshaus (zum Beispiel durch Anstrich mit einer abwaschbaren Schattierfarbe).

Der Lichtbedarf der Orchideen ist je nach Art unterschiedlich. Hier geben die Blätter einen Hinweis, je nach ihrer Beschaffenheit kann man auf das Lichtbedürfnis der Pflanze schließen. Orchideen mit derben, ledrigen oder stielrunden Blättern (zum Beispiel *Cymbidien, Vanda* und einige *Cattleyen*) benötigen sehr viel Licht und müssen im Winter zusätzlich mit künstli-

chem Licht beleuchtet werden. Orchideen mit weichen und schlaffen Blättern (zum Beispiel *Paphiopedilum*) sind dagegen ausgesprochene Schattenpflanzen und reagieren empfindlich auf zu viel Licht. Dennoch ist auch für sie in der lichtarmen Jahreszeit eine zusätzliche künstliche Lichtquelle nötig. Grundsätzlich müssen in unseren Breiten alle Orchideen, die keine Ruheperiode durchmachen, künstlich beleuchtet werden.

Licht nach Maß

Die Lichtstärke wird in Lux gemessen, eine exakte Messung ist nur mit einem im Garten- oder Fotofachhandel erhältlichen Luxmeter möglich. Im Allgemeinen gedeihen Orchideen bei einer Lichtstärke von 6000 bis 10 000 Lux gut, diese Werte sind normalerweise an jedem Fenster zu finden. Allerdings beträgt die Lichtintensität einen Meter vom Fensterbrett entfernt bereits nur noch ein Viertel. Aber auch an einem Nordfenster oder in einer dunklen Zimmerecke können Orchideen gut gedeihen, wenn man ihr Lichtbedürfnis mit künstlichem Licht stillt. Herkömmliche Glühbirnen eignen sich allerdings hierfür nicht, empfehlenswert sind spezielle, spritzwassergeschützte Pflanzen-Leuchtstoffröhren (erhältlich im Elektrofachhandel), die man etwa 60 cm über den Orchideen anbringt.

Temperatur

Die Wachstums- und Entwicklungsprozesse jeder Pflanze sind von der sie umgebenden Temperatur abhängig, nur innerhalb eines bestimmten Temperaturbereiches,

Für alle Orchideen ist es wichtig, dass die Temperatur nachts niedriger ist als tagsüber.

der je nach Art unterschiedlich ist, ist sie lebensfähig. Wird die Temperaturgrenze (auf Dauer) über- oder unterschritten, stellt die Pflanze ihre Aktivität ein und stirbt schließlich ab. Bei der Orchideenkultur sollten stets die Temperaturverhältnisse am Heimatstandort berücksichtigt werden. Man unterscheidet drei Temperaturbereiche: kühl, temperiert und warm.

Tipp

Wenn man mehrere unterschiedliche Orchideen an einem Standort pflegen will, sollten dafür nur solche Arten gewählt werden, die alle dem gleichen Temperaturbereich angehören.

Diese Temperaturangaben sind Durchschnittswerte, sie können über- oder unterschritten werden, ohne dass die Pflanzen Schaden nehmen, wenn die Abweichungen befristet sind. Wichtig ist für alle Temperaturbereiche, dass die Nachttemperaturen mindestens um 3 bis 6 °C niedriger liegen sollten als die Tageswerte (Nachtabsenkung).

Temperaturmessung und -kontrolle gehören zum Pflegeprogramm der Orchideen. Ein Raumthermometer ist daher ein unerlässliches Instrument. Mit einem Minimum-Maximum-Thermometer lässt sich die höchste und die niedrigste Temperatur in einem bestimmten Zeitraum messen. Man kann also feststellen, wie groß die Temperaturunterschiede innerhalb einer Nacht waren oder die höchste Tages- und tiefste Nachttemperatur ablesen. Im Gewächshaus sollte zusätzlich ein Temperatur-Warngerät angebracht werden, damit ein Stromausfall oder Heizungsdefekt rechtzeitig gemeldet werden kann, ehe die Pflanzen geschädigt werden.

Die Temperaturbereiche im Jahreszyklus

Temperatur	Sommer/tags	Sommer/nachts	Winter/tags	Winter/nachts
kühl	um 16 °C	um 13 °C	um 13 °C	um 10 °C
temperiert	um 20 °C	um 18 °C	um 16 °C	um 13 °C
warm	um 25 °C	um 20 °C	um 20 °C	um 18 °C

Wasser–versorgung

Auf die Qualität des Gießwassers muss besonders geachtet werden. Es sollte zimmerwarm, schwach sauer und vor allem weich sein, denn Orchideen sind ausgesprochen kalkfeindlich. Wer Leitungswasser nimmt, sollte den Säuregehalt (pH-Wert) und die Härte (° dH) des Wassers prüfen, da beides regional sehr unterschiedlich sein kann.

Der *pH-Wert* lässt sich mit Indikatorpapier ermitteln. Die Skala reicht von 1 bis 14, der neutrale Wert ist 7. Werte darunter liegen im sauren, darüber im alkalischen Bereich. Orchideen bevorzugen leicht saueres Wasser mit einem ph-Wert von 5 bis 6. Die Wasserhärte kann beim regionalen Wasserwerk erfragt werden. Sie wird in deutschen Härtegraden (dH) gemessen: 0 bis 4° dh = sehr weiches Wasser; 4 bis 8° dH = weiches Wasser; 8 bis 12° dH = mittelhartes Wasser; 12 bis 18° dH = ziemlich hartes Wasser; 18 bis 30° dH

Tipp

Die Wasserversorgung (Gießen und Sprühen) erfolgt am besten vormittags. Dann hat die Orchidee genügend Zeit abzutrocknen, ehe es abends wieder kühl wird beziehungsweise die Temperatur für die Nacht abgesenkt wird. So vermeidet man Verdunstungskälte im Wurzelbereich.

= sehr hartes Wasser. Orchideen vertragen eine Wasserhärte von höchsten 10° dH. Liegt das Leitungswasser darüber, muss es enthärtet werden. Präparate und Geräte hierfür sind im Gartenfachhandel erhältlich.

Richtig gießen

Die Gießabstände hängen von verschiedenen Faktoren ab:

- Vom Substrat, das je nach Zusammensetzung mehr oder weniger feucht ist.
- Vom Pflanzgefäß; Orchideen trocknen in Kunststofftöpfen nicht so schnell aus wie in Tontöpfen oder Körbchen.
- Von der Luftfeuchte; je höher sie ist, desto weniger muss man gießen.
- Von der Temperatur; je wärmer der Standort ist, desto mehr Wasser verdunstet.
- Vom Wachstum; eine Orchidee, die wächst und neue Triebe hervorbringt, braucht mehr Wasser als eine, die ihr Wachstum abgeschlossen hat.

Orchideen gießt man am besten von oben und zwar so, dass das Substrat rundum befeuchtet wird, die Pflanze selbst darf nicht nass werden.

Für Orchideen im Hängekörbchen empfiehlt sich mehrmals ein Tauchbad.

Luftfeuchtigkeit

Eine erhöhte Luftfeuchtigkeit wirkt der Austrocknung des Substrats entgegen und die Wasserzufuhr kann reduziert werden. Bei gemäßigten Temperaturen ist für die meisten im Zimmer auf der Fensterbank kultivierten Orchideen eine Luftfeuchtigkeit von 50 bis 60 % ausreichend. Sie muss allerdings in den Wintermonaten, wenn die Pflanzen der Heizungsluft ausgesetzt sind, erhöht werden. Kurzfristig lässt sich dies durch Besprühen erreichen. Da die Luftfeuchtigkeit durch die Nachtabsenkung der Temperatur erhöht wird, sollte man allerdings abends nicht mehr sprühen. Man kann auch mit Wasser gefüllte Schalen aufstellen; damit die Pflanzen trockene Füße haben, setzt man sie auf Gitterroste. Die Verdunstungsfläche lässt sich vergrößern, wenn die Wasserschale mit Blähton

aufgefüllt wird. Nicht nur zweckmäßig, sondern auch dekorativ ist ein Lava-Quellbrunnen. Mit einem Hygrometer lässt sich die Luftfeuchtigkeit genau messen.

Luftzufuhr

Ein regelmäßiger Luftaustausch ist für Orchideen, insbesondere für ihre Luftwurzeln, unerlässlich. Frischluft verhindert Fäulnis und die Ausbreitung von Pilzen und Schädlingen. Sie wird bei der Zimmerkultur durch das geöffnete oder gekippte Fenster zugeführt. Im Sommer ist dies unproblematisch, im Winter kann die kalte Luft die Orchideen schädigen. Dann müssen die Pflanzen abgedeckt oder weggeräumt werden. Man kann auch eine Lüftungsklappe (wie bei der Pflanzenvitrine) zugluftsicher anbringen. Eine zusätzliche Luftumwälzung ist auf der Fensterbank nicht nötig, da die Eigenbewegung der Luft (im Winter durch die Heizung) ausreicht.

Achtung: Orchideen dürfen keinesfalls in der Nähe von Äpfeln stehen, auf das freiwerdende Ethylen-Gas reagieren die Pflanzen mit Knospen- oder Blütenfall.

Eine Erhöhung der Luftfeuchtigkeit im Raum lässt sich auch kurzfristig durch Besprühen erreichen.

Düngung

Die Konzentration und Zusammensetzung des Düngers ist abhängig von der Art der Orchidee, ihrem Entwicklungszustand und vom Substrat. Terrestrisch wachsende Orchideen haben einen höheren Nährstoffbedarf als Epiphyten und Hybriden gegenüber Wildformen. In der Wachstumsphase müssen die Pflanzen reichlich gedüngt werden, in der Ruhephase gar nicht. . Man kann *organisch* oder *mineralisch* düngen. Je höher der Anteil an synthetischen und mineralischen Materialien im Substrat ist, desto mehr muss gedüngt werden, da sie

Eine ausgewogene Nährstoffversorgung garantiert üppige Blüten.

im Gegensatz zu organischen Substratanteilen nicht langsam zerfallen und deshalb auch keine Nährstoffe freigeben. Da bei der organischen Düngung die Nährstoffe sich nur langsam abbauen und somit der Pflanze nicht sofort zur Verfügung stehen,

Tipp

Der Dünger kann auch durch Sprühen verabreicht werden. Die Nährstoffe werden dann über die Blätter aufgenommen (Blattdüngung). Sie empfiehlt sich dann, wenn die Wurzeln der Orchidee geschädigt oder regenerationsbedürftig sind.

muss man ihren Wachstumsrhythmus genau kennen, um den richtigen Zeitpunkt zu bestimmen. Besonders für den Anfänger ist die mineralische Düngung wesentlich einfacher, da die Nährstoffe gleich von der Pflanze aufgenommen werden können. Es empfiehlt sich ein spezieller Orchideendünger, der in verschiedenen Zusammensetzungen erhältlich ist. Bei der Dosierung muss man sich genau an die Anweisung auf der Verpackung halten.

Richtig düngen

Grundsätzlich ist es besser öfter schwach konzentriert als seltener und hoch konzentriert zu düngen. Während der Wachstumsphase reicht eine wöchentliche Düngung völlig aus. Frisch gepflanzte und in der Ruheperiode befindliche Orchideen erhalten keinen Dünger. Das Substrat sollte vor der Düngung nicht ganz ausgetrocknet sein, man kann es kurz zuvor anfeuchten. Anfänger können sich auch an folgende Faustregel halten:

- Von Mai bis Ende August bei jedem dritten Gießen düngen.
- Von Februar bis April, sowie im September/Oktober einmal pro Woche düngen.
- Im November, Dezember und Januar überhaupt nicht düngen.

Substrate

Die meisten tropischen Orchideen wachsen epiphytisch, sie sind so genannte Luftwurzler, viele Arten wachsen ursprünglich auf Bäumen. Anders als Schmarotzer ernähren sich Epiphyten aber selbstständig, Nährstoffe und Wasser beziehen sie aus der Luft.

Blumenerde lässt Orchideenwurzeln faulen, denn genau genommen brauchen die meisten Orchideen gar keine Erde. Viele Zimmerorchideen sterben an Fäulnis, denn werden die Wurzeln zu dicht abgedeckt, hat man sie innerhalb kürzester Zeit „totgegossen". Für Anfänger empfiehlt sich ein fertiges Orchideensubstrat aus dem Handel, wobei man hier nicht zu sehr sparen sollte. Preisgünstige Substrate enthalten eher minderwertigen Rindenmulch, Unkrautsamen und leider oft auch Schädlinge, die man seinen Orchideen unbedingt ersparen sollte. Spezielle Orchideensubstrate setzen sich zusammen aus:

- *mineralischen* Bestandteilen, sie liefern Minerale und Spurenelemente.
- *synthetischen* Materialien, sie dienen der besseren Durchlüftung und verhindern eine zu schelle Verdichtung, Staunässe und Auskühlung.
- *organischen* Stoffen, sie fördern die Wurzelbildung und liefern Nährstoffe.

Orchideensubstrat selbst herstellen

Bereits erfahrene Orchideenliebhaber mischen sich ihre Pflanzstoffe am liebsten selbst. Man kann auch hochwertigen Rindenmulch oder Blähtonkügelchen verwenden. Allerdings versalzen Hydrokultursubstrate leicht und Rindenmulch sollte gut vorkompostiert sein, damit er keine Schädlinge mehr enthält. Eine weitere Möglichkeit ist, Pflanzsubstrate aus Rinde, getrocknetem Moos, Kork, Nussschalen und Buchenlaub sowie Steinwolle, Sand, Schaumstoff oder Styropor selbst herzustellen. Zerkleinerte Holzkohle wirkt desinfizierend und lockert das Substrat zusätzlich auf. Bei eigenen Pflanzmischungen ist vieles zu beachten, aber man findet zahlreiche Rezepte für verschiedene Orchideenarten in Büchern und Internetforen.

Feine Kiefernrinde mit Blähton

Mittelgroße Kiefernrinde mit Blähton

Pflanzgefäße

Obwohl man die meisten Orchideen entsprechend ihrer Lebensweise epiphytisch kultivieren müsste, werden sie vorwiegend in Topfkultur gehalten. Um dies zu ermöglichen, müssen nicht nur die Substrate, sondern auch die Gefäße bestimmte Bedingungen erfüllen. Die Auswahl richtet sich nach der Orchideenart, nach dem Entwicklungszustand der Pflanze und nach der Kultur.

Tontöpfe sind luft- und wasserdurchlässig und durch ihr Gewicht standfester. Die Wurzeln bekommen mehr Sauerstoff, es gibt auch Töpfe mit durchlochten Wandungen und Böden, die eine bessere Durchlüftung des Substrats ermöglichen. An der porösen Oberfläche unglasierter Töpfe entsteht allerdings Verdunstungskälte, die sich vor allem an kühlen Standorten ungünstig auf das Wurzelwachstum aus-

Die Gefäßauswahl richtet sich nach der Orchideenart.

Tipp

Für sympodial wachsende, kleinere Orchideen gibt es spezielle Pflanzkästen, die nach Bedarf vergrößert werden können. Damit lässt sich das Umtopfen umgehen.

wirkt. Mit der Zeit sehen Tontöpfe durch Kalkausblühungen unschön aus.

Kunststofftöpfe lassen das Substrat nicht so schnell austrocknen. Die Wasserverdunstung an der Außenwand und somit die Auskühlung entfällt. Allerdings werden die Wurzeln nicht optimal mit Sauerstoff versorgt, es empfehlen sich deshalb spezielle Plastiktöpfe mit Siebboden. Orchideen in Kunststoffgefäßen brauchen weniger Feuchtigkeit, ein durchlässigeres Substrat und ausreichend Wasserabzugslöcher. Da Kunststofftöpfe nicht so standfest sind, empfehlen sich dickwandige Gefäße, die auch weniger schnell zerbrechen und sich unter Sonneneinstrahlung nicht so stark aufheizen. Die meisten Orchideen werden heute in Kunststofftöpfen angeboten.

Pflanzkörbe sind meist aus Hartholz, haben eine Aufhängung und ermöglichen eine naturnahe Pflanzung. Sie eignen sich vor allem für Orchideen mit herunterhängenden Blüten. In den Lattenkörbchen werden Wurzeln und Substrat sehr gut durchlüftet, trocknen aber auch schneller aus. Da das Substrat von außen schon trocken aussehen, innen aber noch feucht sein kann, ist beim Gießen Fingerspitzengefühl nötig. Für aufgehängte Pflanzkörbe erfolgt die Bewässerung am besten durch Tauchen.

Verpflanzen

Eine Orchidee muss dann umgepflanzt werden, wenn sie für den Topf zu groß geworden ist oder sich das Substrat so verdichtet hat, dass es keine Feuchtigkeit mehr durchlässt. Dies ist in der Regel alle 2 bis 3 Jahre nötig. Der beste Zeitpunkt dafür wird vom Entwicklungszustand der Pflanze bestimmt. Sobald nach der Ruhephase das Wachstum einsetzt (erkennbar an einem frischen, hellgrünen Trieb), was meist im Frühjahr der Fall ist, kann verpflanzt werden.

Dazu bedarf es einiger Vorbereitungen. Am Tag zuvor sollten die Pflanzen gegossen werden, damit die Wurzeln elastischer sind und nicht so leicht abbrechen. Auch das frische Substrat sollte leicht feucht sein. Dann werden die neuen, sauberen Gefäße oder die Pflanzunterlagen bereitgestellt. Die Größe des neuen Topfes wählt man so (am besten 2 cm größer als der alte), dass die Pflanze die nächsten zwei Jahre ungehindert darin wachsen kann. Dann wird er mit einer Dränageschicht aus Blähton, Tonscherben, bei großen, schweren Pflanzen aus Kieselsteinen, gefüllt. Bei den Pflanzunterlagen bestimmen optische Gesichtspunkte die Wahl. Sie müssen so groß sein, dass die Orchidee 4 bis 5 Jahre darauf wachsen kann.

Zum Aufbinden der Pflanzen empfehlen sich als bestes und billigstes Material ausgediente, in Streifen geschnittene Fein-

Die Pflanze vorsichtig aus dem Topf nehmen (1 und 2); Substrat entfernen und Wurzeln kürzen (3 und 4); das neue Pflanzgefäß mit frischem Substrat füllen, Pflanze einsetzen, mit Substrat umhüllen, andrücken und Gießrand lassen (5).

Substrat ausgeschüttelt. Alte, vertrocknete Wurzeln werden mit einem scharfen Messer oder einer Schere herausgeschnitten, alte, vertrocknete Bulben entfernt. Zu große oder überalterte Pflanzen können geteilt und dadurch verjüngt werden.

Auf die Dränageschicht im neuen Gefäß gibt man eine dünne Schicht frisches Substrat. Dann wird die Pflanze in den Topf gestellt und mit Substrat aufgefüllt. Monopodial wachsende Orchideen setzt man in die Mitte, bei sympodial wachsenden Arten soll der Neutrieb in der Mitte, die älteste Bulbe am Gefäßrand stehen. Beim Einfüllen des Substrats (2 cm Gießrand frei lassen) dürfen keine Hohlräume entstehen, deshalb stößt man den Topf mehrmals auf einer Unterlage auf. Dann drückt man das Substrat vorsichtig fest, die Pflanze muss so tief darin eingebettet sein, dass die Basis des Neutriebs in Topfrandhöhe liegt. Da die Pflanze mit dem neuen, sehr leichten Substrat noch nicht verwurzelt ist, hat sie keinen festen Stand. Damit sie Halt bekommt und sich dennoch frei entfalten kann, empfiehlt es sich, einen Stützstab aus Holz, Bambus oder Kunststoff tief in das Substrat zu stecken und die Pflanze daran festzubinden.

strumpfhosen. Sie sind strapazierfähig, elastisch und schneiden im Gegensatz zu (nicht rostendem) Draht nicht ein.

Richtig umtopfen

Man löst den Wurzelballen der Orchidee vorsichtig aus dem alten Topf. Plastiktöpfe werden aufgeschnitten, Tontöpfe zerschlagen. Mit der Topfwand verbundene Wurzeln dürfen nicht beschädigt werden. Der Wurzelballen wird gelockert und altes

Kork-, Kiefern- und Eichenrinde eignen sich gut zum Aufbinden.

Richtig aufbinden

Alle epiphytischen Orchideen kann man auch aufbinden, selbst solche, die zuvor im Topf kultiviert wurden. Damit sie gut anwachsen, sollte dies jedoch nur in der Wachstumszeit vorgenommen werden. Manchmal ist es etwas schwierig, die Pflanzen von der alten Unterlage abzulösen, meist ist diese aber durch die beginnende Verrottung mürbe, sodass sich die Pflanze gut abnehmen lässt. Als Feuchtigkeitsspeicher und zur besseren Wurzelung kann man etwas *Sphagnum* (Neuseelandmoos) unterlegen. Dann wird die Orchidee in ihrer natürlichen Haltung so aufgebunden, dass die Pflanze Halt hat, aber keine Pflanzenteile gequetscht werden. Die Blätter sollen herabhängen, damit Gieß- und Sprühwasser abfließen kann.

Nach dem Verpflanzen

Frisch verpflanzte Orchideen müssen für 1 bis 2 Wochen speziell behandelt werden:
– an einen hellen, aber keinesfalls sonnigen Platz stellen

– zur Förderung der Neubewurzelung eine Wärmematte unterlegen

– nach dem Verpflanzen nicht gießen, lediglich übersprühen, um die Luftfeuchtigkeit zu erhöhen
– aufgebundene Orchideen ebenfalls hell, aber nicht sonnig unterbringen und nur besprühen

Nach dieser Sonderbehandlung können die Orchideen wieder normal und ihren Bedürfnissen entsprechend gepflegt werden.

Krankheiten und Schädlinge

Eine optimale Pflege ist die beste Vorsorge, um Orchideen vor schädlichen Einflüssen jeglicher Art zu bewahren. Kräftige und gesunde Pflanzen werden nicht so leicht von Schädlingen befallen wie geschwächte. Durch aufmerksame Beobachtung der Pflanzen kann man Probleme rechtzeitig erkennen und entsprechende Maßnahmen ergreifen.

Pflegefehler

Anzeichen dafür zeigen sich oft durch ein verändertes Erscheinungsbild der Pflanzen. Schlaffe Blätter sind ein Zeichen dafür, dass die Wurzeln abgestorben sind; Ursachen dafür können sein:

- Wassermangel
- zu häufiges Gießen und Staunässe
- Überdüngung
- zu enger Topf, der den Wurzeln die Luft abschneidet
- zu spätes Umtopfen, Verdichtung des alten Substrats

Abhilfe: Die Pflanze sofort umtopfen und alle geschädigten und verfaulten Wurzelteile entfernen; durch Wärme und hohe Luftfeuchtigkeit neues Wurzelwachstum anregen.

Ziehharmonikawuchs, bei dem die Blätter zusammengelegt bleiben und sich nicht entfalten, ist auf zu hohe Temperaturen zurückzuführen.
Abhilfe: Pflanze kühler stellen.
Blattflecken deuten sowohl auf Pflegefehler als auch auf Krankheiten hin.

- eingegrenzte, braun abtrocknende Flecken: Verbrennung durch fehlende Beschattung, zu dichter Stand an der Fensterscheibe
- braune Spitzen und Ränder: mangelnde Luftfeuchtigkeit
- verbleichende oder hell marmorierte Blätter: Magnesium- oder Eisenmangel

Abhilfe: Beschatten, Luftfeuchtigkeit erhöhen, fehlende Mineralstoffe über das Gießwasser zuführen.

Gestörtes Blühverhalten lässt sich meist nicht mehr beheben, die Ursachen liegen grundsätzlich in einer falschen Kultur:

- Nichteinhaltung der Ruheperiode
- fehlende Nachtabsenkung
- Kälteeinwirkung durch Zugluft
- Lichtmangel
- Nährstoffmangel

Abhilfe können spezielle stickstoff- und phosphorbetonte Dünger schaffen. Bei richtiger Pflege können die Pflanzen im Folgejahr wieder blühen.

Krankheiten

Sie können durch Pilze, Bakterien und Viren verursacht werden. Häufig sind saugende Schädlinge die Überträger, die man bekämpfen muss.

Pilze sind in den meisten Fällen Schwächeparasiten und stellen sich nur ein, wenn die Pflanze nicht artgerecht gepflegt wurde und gestresst ist. Die häufigsten Erreger sind *Pythium*- und *Fusarium*-Arten.

Braunfäule: nässende Wunden an den Blatträndern und Neutrieben, rötlich-braune Blattflecken, schwarz-braun verfärbter Wurzelhals, Faulstellen an den Bulben.

Blütenfäule: fleckige Blüten.
Abhilfe: Alle befallenen Teile entfernen und die Pflanze artgerecht pflegen; spezielle (wohnraumgeeignete) Pilzbekämpfungsmittel (Fungizide).

en gibt es keine wirksamen Spritzmittel.
Abhilfe: Befallene Stellen entfernen, Pflanze isolieren oder entsorgen.

<u>Viren</u> sind sehr schwer zu erkennen, sowie unheilbar. Sie machen sich durch dunkle Flecken und Streifen auf den Blättern und Missbildungen an den Blüten bemerkbar.
Abhilfe: Bei schwerwiegenden Fällen die Pflanze sofort verbrennen; Handschuhe

Von Braunfäule befallener Frauenschuh

<u>Bakterien</u> sind mit dem bloßen Auge kaum erkennbar, werden sie bemerkt, ist es meist schon zu spät. Allerdings sind sie auf der Fensterbank und im Wintergarten sehr selten. Bei einer Bakteriose zerfällt das Gewebe. Es beginnt mit kleinen, glasigen Gewebestellen (Fettstellen). Gegen Bakteri-

und Schneidewerkzeuge gründlich reinigen, um Ansteckung der anderen Pflanzen zu vermeiden.

Schädlinge

Pflanzenschädlinge sind gefürchtet, weil sie sich rasch vermehren und ausbreiten.

Sie schädigen die Orchideen, indem sie Pflanzensaft als Nahrung heraussaugen oder Blätter und Wurzeln anfressen. Da sie zudem auch Krankheiten übertragen, müssen sie umgehend bekämpft werden.

Blattläuse treten vorwiegend an jungen, weichen Trieben auf.
Symptome: klebrige Blätter;
Ursache: zu warmer, trockener Stand;
Abhilfe: Pflanze mit Schmierseifenlösung besprühen oder die ganze Pflanze tauchen, Behandlung nach 8 bis 10 Tagen wiederholen, Luftfeuchtigkeit erhöhen.

Schildläuse sitzen, versteckt unter höckerartigen Wachsschilden, an Blüten und Blättern und werden häufig zu spät bemerkt.
Symptome: Honigtaubildung, gelbe Flecken auf den Blättern, Blattfall;
Ursache: zu warmer, trockener Stand;
Abhilfe: Schilde abkratzen, Pflanzen mit lauwarmer Seifenlauge abwischen, Luftfeuchtigkeit erhöhen.

Woll- oder Schmierläuse sitzen bevorzugt in den Blattachseln, an den Unterseiten der Deckblätter und an den Bulben;
Symptome: watteähnliche Wachsausscheidungen, Kümmerwuchs, Missbildungen;
Ursache: zu trockene Luft, Nährstoffmangel;
Abhilfe: Befallene Stellen mit Seifenlauge abwaschen, Luftfeuchtigkeit erhöhen.

Spinnmilben (Rote Spinne) sind gelbliche bis rotbraune Milben und kommen bei Orchideen sehr häufig vor;
Symptome: silbrig-weiß gesprenkelte Blattunterseiten mit feinem Gespinst;
Ursache: zu trockene Luft;

Schmierläuse

Abhilfe: Pflanze mit Seifenlauge abwaschen, bei starkem Befall Mittel gegen Milben einsetzen.

Blasenfüße (Thripse) sind 1 bis 2 mm lange, braunschwarze, fliegende Insekten, deren kaum sichtbare Larven unter den Blättern sitzen und an Blättern, Knospen oder Blüten saugen;
Symptome: silbrig gesprenkelte Blätter, braunfleckige, verkrüppelte Blüten, missgestaltete Knospen;
Ursache: zu trockene Luft;
Abhilfe: Pflanzen gründlich abbrausen, Luftfeuchtigkeit erhöhen, bei starkem Befall Insektizid einsetzen.

Vermehrung

Wer bei der Kultur seiner Orchideen erfolgreich ist, kann daran denken, sie zu vermehren. Zur Vermehrung eignen sich Pflanzen, die einige Jahre alt, groß, gesund und kräftig sind, sowie blühfaule, aber auch überalterte Orchideen oder solche, die beim Umtopfen von alleine in mehrere Teile zerfallen. Der beste Zeitpunkt für die Vermehrung ist im Frühjahr beim Umtopfen.

Da die Vermehrung für die Orchideen Stress bedeutet, sind sie auch anfällig für Krankheitserreger. Die beste Vorbeugung ist Hygiene. Deshalb sollten die Schneidegeräte mit reinem Alkohol desinfiziert, Schnittstellen mit Holzkohlepulver eingepudert oder auch vorsorglich mit einem Pilzbekämpfungsmittel behandelt werden.

Vegetative Vermehrung

Die vegetative oder ungeschlechtliche Vermehrung ist für den Anfänger leichter und erfolgversprechender. Hierzu gibt es verschiedene Methoden, wie vermehrt wird, hängt vom Wuchs der Pflanze ab.

Teilung: Monopodiale (einsprossige) Orchideen fallen oft beim Umtopfen von alleine auseinander, wenn man das alte Substrat ausschüttelt. Jedes Exemplar wird dann für sich eingepflanzt. Sympodiale (mehrsprossige) Orchideen werden so geteilt, dass jede neue Pflanze mindestens 3 bis 5 belaubte Bulben hat. Die restlichen Teile regenerieren sich nur, wenn sie Blätter tragen, die Bulben nur, wenn sie prall und grün sind.

Stecklinge: Bei zu hoch gewachsenen monopodialen Orchideen wird der oberste Stammabschnitt genau unter den Luftwurzeln abgetrennt, wobei die Mutterpflanze mindestens 20 cm hoch bleiben muss, damit sie sich wieder erholen kann. Das neu gewonnene Triebstück wird in ein luftiges, grobes Rindensubstrat eingesetzt. Bei sympodialen Orchideen sollte jeder Steckling 10 bis 15 cm lang sein und 4 bis 5-mal unterteilt sein. Die Stücke werden der Länge nach in Sumpfmoos (Sphagnum mit Styropor gemischt) gelegt und feucht und warm gehalten.

Kindel: Nur wenige Orchideen bilden Kindel aus, sie entwickeln sich oft spontan an den Infloreszenzachsen anstelle einer Blüte. Sie dürfen nicht zu früh abgetrennt

Die Kindel werden von der Mutterpflanze abgetrennt.

werden und müssen kräftig entwickelt und bereits bewurzelt sein. Dann schneidet man die Infloreszenzachse oberhalb und unterhalb des Kindels ab, sodass sich ein Stück der Achse noch am Kindel befindet. Nun kann es eingetopft werden.

Rückbulben: Manche Orchideenarten lassen sich auch vermehren, indem man beim Umtopfen abgeschnittene, blattlose, aber noch grüne Rückbulben einpflanzt. Bei einigen Arten sind mindesten drei Bulben nötig, andere kommen mit einer Bulbe aus. Manche Orchideen bilden dann an der Rückbulbe einen Neutrieb, viele Bulben verfaulen aber auch nach ein paar Wochen. Einen Versuch ist diese Methode aber immer wert, schließlich kann man dabei nichts verlieren.

Generative Vermehrung

Die generative oder geschlechtliche Vermehrung ist bei Orchideen schwierig und langwierig, da die äußerst feinen Samen kein Nährgewebe besitzen. Am natürlichen Standort keimen die Samen mit Hilfe eines speziellen Wurzelpilzes, der sie mit Nährstoffen versorgt. Heute gibt es für die Aussaat spezielle Nährböden im Gartenfachhandel, die alle erforderlichen Nährstoffe enthalten. Die jungen Keimlinge sind daher nicht mehr auf die Hilfe eines Pilzes angewiesen. Um den Befall mit unerwünschten Luftkeimen zu verhindern, muss keimfrei gearbeitet werden, dies geschieht zum Beispiel in einem sterilen Labor. Hier keimt der Samen nach 3 bis 9 Monaten. Nach 1 bis 2 Jahren können die Jungpflanzen

Vermehrung durch Rückbulben

eingesetzt werden. Bis zur Blüte brauchen sie dann noch weitere 2 bis 4 Jahre. Der Liebhaber erhält die Jungpflanzen in einem Laborbehälter und kann sie in sein eigenes Substrat in kleine Töpfe pflanzen.

Die schönsten Orchideen von A bis Z

Das folgende Kapitel stellt eine Auswahl der schönsten Orchideen-Gattungen vor. Sie wurden nach Eignung für die Zimmerkultur und Erhältlichkeit im Handel ausgewählt. Jede Gattung präsentiert sich mit Wissenswertem über Herkunft, Standortbedingungen, Besonderheiten und Kultur sowie mit faszinierenden Farbfotos einzelner Arten und Hybriden.

Die schönsten Orchideen von A bis Z

Bifrenaria

Bifrenaria harrisonae

Die Gattung *Bifrenaria* ist mit 15–20 Arten im tropischen Mittelamerika und nördlichen Südamerika verbreitet. Sie wachsen epiphytisch oder terrestrisch. In der Regel entwickelt sich aus den kugelförmigen Pseudobulben nur ein Blatt (selten zwei Blätter). Die Blüten, die zu wenigen oder einzeln an den Blütenständen gebildet werden, erscheinen wie aus Wachs geformt.

Die bekanntesten Arten *B. harrisoniae* (Bild), *B. atropurpurea* und *B. tetragona* sind in Brasilien beheimatet. Ihre duftenden, reizvollen Blüten haben eine cremeweiße bzw. pupurbraune Grundfarbe mit andersfarbiger Lippe. Aufgrund ihrer derben Beschaffenheit eignen sich die Blüten auch als lang haltende Schnittblumen.

Pflege: Die Kultur erfolgt im temperierten Bereich. Während des Wachstums muss für gleichmäßige Feuchtigkeit, viel Frischluft und etwas Schatten gesorgt werden. Die Ruheperiode sollten die Pflanzen an einem kühlen, hellen Platz verbringen. Sie benötigen dann wenig Wasser und sollten vor allem nicht besprüht werden. Diese Phase dauert so lange, bis die jungen Triebe, die sich seitlich unter den alten Bulben entwickeln, hervortreten.

Brassavola nodosa Hybride

Brassavola

Brassavola nodosa

Das Verbreitungsgebiet der etwa 15 Arten der Gattung erstreckt sich von Mexiko bis nach Brasilien und Argentinien. *Brassavola* ist eine beliebte Kulturpflanze. Die mittelgroßen Epi- oder Litophyten wachsen sympodial. Ihre meist nur wenig verdickten Stämme bilden ein, selten zwei stielrunde oder flache Blätter aus. Hauptmerkmal der Blüten sind schmale, oft sehr lange Sepalen und Petalen mit einer kurzen und breiten, auch gefransten Lippe. *B. nodosa* (Bild) trägt Blüten mit hellgrünen, langen Blütenblättern und weißer, herzförmiger Lippe; sie duften nachts. *B. glauca* (heute *Rhyncholaelia glauca*) entwickelt nur eine Blüte pro Spross.

Pflege: *Brassavola* wird in Töpfen (hier muss auf Staunässe geachtet werden), besser noch in Körbchen kultiviert; auch eine Blockkultur ist möglich. Im Sommer mögen es die Pflanzen heiß, müssen aber dann gut mit Wasser versorgt werden. In der Regel fällt die Blütezeit auch in die Sommermonate. Nach dem Abblühen, sowie in der Ruheperiode benötigen die Pflanzen weniger Wasser. Jedoch dürfen die Pseudobulben nicht schrumpfen. Im Winter brauchen die Pflanzen eine Mindesttemperatur von 15 °C.

Brassia Hybride

Brassia

Brassia Hybride

Obwohl die Namen sehr ähnlich klingen, sind die Gattungen *Brassavola* und *Brassia* nicht eng miteinander verwandt, gehen aber beide auf den englischen Illustrator W. Brass zurück. *Brassavola* ist nahe mit den Gattungen *Laelia* und *Cattleya* verwandt, *Brassia* hingegen mit den Gattungen *Miltonia, Oncidium* und *Odontoglossum.* Die etwa 25–30 *Brassia*-Arten stammen aus dem tropischen Amerika, von Mittelamerika bis Südamerika. Sie wachsen vorwiegend epiphytisch und besiedeln feuchte Wälder. Die ein- bis zweiblättrigen Pseudobulben entspringen einem kräftigen Rhizom. Die Blütenblätter sind meist lang und schmal und haben eine kurze, breite Lippe. Beliebte Arten sind *B. caudata* und *B. verrucosa* (im Bild *Brassia*-Hybride).

Pflege

Auch die *Brassia*-Arten brauchen eine Ruheperiode, in der nur so viel gegossen wird, dass die Bulben nicht schrumpfen. Während der Wachstumsphase müssen die Pflanzen reichlich mit Wasser und Frischluft versorgt werden. Die Blütezeit erfolgt unregelmäßig, da die Pflanzen nicht nur einmal im Jahr blühen. Einige Arten sind blühunwillig.

Calanthe vestita

Calanthe

Calanthe vestita

Die Gattung umfasst über 100 Arten und ist weit über die Nord- und Südhalbkugel mit Schwerpunkt in Südostasien verbreitet. Anders als die meisten tropischen Orchideen wachsen die *Calanthe*-Arten vorwiegend terrestrisch. Man unterscheidet laubabwerfende und immergrüne Arten. Entsprechend unterschiedlich sind auch die Kulturbedingungen. Die laubabwerfenden Arten wie, *C. triplicata* und *C. vestita* (Bilder) haben kantige Pseudobulben und einen lockeren Blütenstand.

Pflege: Die laubabwerfenden Arten benötigen in der Wachstumsphase viel Wärme und eine hohe Luftfeuchtigkeit. Die Blätter sollte man möglichst nicht besprühen. Wenn im Herbst die Blätter abgeworfen werden und die Blütenstände erscheinen, wird nur noch mäßig gegossen. Nach dem Abblühen werden die Pflanzen völlig trocken bei 16 °C gehalten.

Die immergrünen Arten wie *C. angustifolia* und *C. brevicornu* brauchen etwas mehr Schatten und dürfen niemals austrocknen. Nach Ende der Wachstumszeit wird die Wasserzufuhr reduziert.

Cattleya aclandiae 'Maxima'

Cattleya

Cattleya intermedia 'Orlata'

Die Gattung umfasst etwa 45 Arten und zahlreiche Varietäten, die durch ihre Farbenpracht und Größe der Blüten beeindrucken. Ihr Verbreitungsgebiet erstreckt sich vom tropischen Mittel- bis Südamerika. Ihren Namen erhielt sie von William Cattley, dem Anfang des 19. Jahrhunderts in England die erfolgreiche Kultur der in Brasilien gefundenen Art *C. labiata* gelang. Die Pflanzen wachsen meist epiphytisch auf Bäumen. Aufgrund ihrer Wuchsform werden die *Cattleyen* in ein- und zweiblättrige Arten gegliedert. Bei den einblättrigen Arten sind die Pseudobulben spindelförmig, das Blatt ist dick und ledrig. Die zweiblättrigen Arten haben schlanke, zylindrische Pseudobulben. Alle Arten bilden einen endständigen Blütenstand, der an der Basis von einer großen Scheide umhüllt ist. Im Handel werden unzählige Hybriden (siehe folgende Seiten) angeboten.

Pflege: Die meisten Arten und Hybriden werden im temperierten Bereich kultiviert. Während der Wachstumszeit ist ein heller Stand und eine hohe Luftfeuchtigkeit wichtig. Sind die Pseudobulben voll entwickelt, beginnt die Ruhezeit. Die Pflanze wird weniger gegossen und sollte einen Stand bei 12–15 °C haben. Wird dieser Zeitpunkt verpasst, können die Pflanzen durchtreiben und es bilden sich keine Blüten.

Cattleya

Cattleya Hybride

Cattleya walkeriana 'Semialba'

Cymbidium Hybride

Cymbidium Ruby Eyes

Cymbidium

Cymbidium Hybride

Die Verbreitung der etwa 50 bekannten Arten der Gattung *Cymbidium* reicht von Indien, China und Japan über die ozeanischen Inseln bis Australien. Die Pflanzen wachsen überwiegend epiphytisch, seltener terrestrisch. Die Wildarten spielen als Kulturpflanzen heute keine Rolle mehr, im Handel sind zahlreiche Hybriden (Bilder), die in allen Variationen blühen. Die meist großen, wachsartigen Blüten halten lange und sind auch dankbare Schnittblumen. *Cymbidien* besitzen sehr dicke, fleischige Wurzeln, den Pseudobulben entspringen derbe, riemenförmige Blätter.

Pflege

Cymbidien werden ausschließlich in Töpfen kultiviert. Damit sie blühen, ist ein deutlicher Unterschied zwischen Tages- und Nachttemperatur nötig. Es empfiehlt sich folgende Kulturmethode: Sobald die Temperaturen im Frühjahr über 15 °C liegen, können die Pflanzen ins Freie an einen halbschattigen Platz gestellt werden. An heißen Tagen muss reichlich gegossen und gesprüht werden. Im Herbst stellt man die Pflanzen in ein temperiertes Zimmer, Standard-Hybriden bei etwa 10–15 °C, Miniatur-Hybriden nicht unter 15 °C. Im Winter ist vor allem ein heller Standort wichtig. Eine Ruhephase ist nicht nötig, nach der Blüte werden die Pflanzen etwas weniger gegossen.

Dendrobium parishii

Dendrobium wardianum

Die schönsten Orchideen von A bis Z

Dendrobium

Dendrobium loddigesii

Der Gattung gehören etwa 1200 Arten an, deren Verbreitungsgebiet sich über Indien, Südostasien, Indonesien bis Australien erstreckt. Es werden sehr unterschiedliche Klimabereiche besiedelt. Deshalb sollte man sich beim Kauf von *Dendrobium* unbedingt die Kulturanleitung für die betreffende Pflanze geben lassen. Die Pflanzen wachsen epiphytisch. Der vegetative Aufbau der einzelnen Arten ist sehr unterschiedlich. Es gibt rhizomartige Stämme, aufrechte und einknotige oder vielknotige Triebe sowie mehrknotige Sprosse, die sich an der Basis der alten Sprosse entwickeln. Die Blätter sind immergrün oder werden abgeworfen. Die Blüten tragen oft einen Sporn und werden in vielen Schattierungen auch als Schnittblumen angeboten

Pflege: Hier lassen sich folgende Gruppen unterscheiden: Arten aus dem asiatischen Festland werden im kühlen bis temperierten Bereich kultiviert. Einer feuchtwarmen Wachstumsphase folgt eine Ruheperiode bei 10 –13 °C. Arten aus Indonesien und Australien müssen während der Wachstumszeit sehr heiß und luftfeucht stehen, bei Temperaturen um 20 °C erfolgt eine angedeutete Ruhezeit. Aus großen Höhenlagen stammende Arten müssen stets feucht gehalten werden.

Dendrobium

Dendrobium atroviolaceum

Dendrobium

Encyclia cochleata

Encyclia

Epicattleya Purple Glory

Die etwa 150 Arten der Gattung sind vorwiegend in Mexiko und auf den westindischen Inseln beheimatet, nur wenige Arten kommen im tropischen Südamerika vor. Die meisten Arten wachsen epiphytisch. *Encyclia* ist eng mit *Cattleya* verwandt. *Encyclia* und *Cattleya* können in der Züchtung miteinander gekreuzt werden, ein Beispiel dafür ist *Epicattleya* Purple Glory (Bild oben). Die meisten *Encyclia*-Arten besitzen birnenförmige Pseudobulben. Der Blütenstand entwickelt sich an der zuletzt gereiften Pseudobulbe. Oft sind die Knospen von einer schützenden Hülle umgeben. Der Stiel trägt mehrere Blüten. *E. cochleata* (Bild links) besitzt sehr eigenwillige Blüten und wird auch „Tintenfisch-Orchidee" genannt.

Pflege: *Encyclia* wird in Töpfen oder flachen Schalen im temperierten Bereich kultiviert. Während der Wachstumsphase brauchen die Pflanzen einen hellen Stand und hohe Luftfeuchtigkeit. Wenn das Wachstum abgeschlossen ist, beginnt eine Ruheperiode bei 15 °C, in der die Wasserzufuhr eingeschränkt und nur selten gesprüht wird. Es muss für ausreichend Luftbewegung gesorgt werden.

Nach neuesten wissenschaftlichen Erkenntnissen werden einige *Encyclia*-Arten der Gattung *Prosthechea* zugeordnet.

Epidendrum

Epidendrum radicans

Die Gattung umfasst über 1500 Arten, die in Mittel- und Südamerika beheimatet sind. Sie wachsen sowohl epiphytisch als auch terrestrisch. Die Pflanzen zeigen ein sehr unterschiedliches Erscheinungsbild. Entweder werden Pseudobulben ausgebildet oder die Stämme sind rohrartig. Auch die Größe der Blüten ist je nach Art unterschiedlich, meist haben sie eine zierende Lippe. Die Säule ist mit der Lippe unterschiedlich stark verwachsen. Die Blütenstände sind stets endständig.
E. radicans (Bilder) und *E. nocturnum* zählen zu den rohrstämmigen, relativ großen Arten. Nur etwa 30 cm hoch wird *E. stamfordianum* mit Pseudobulben.

Pflege: Die häufig robusten Pflanzen lassen sich einfach kultivieren, wenn man ihnen einen temperierten Bereich bieten kann. Arten mit Pseudobulben gedeihen gut in Töpfen oder Schalen und benötigen eine Ruheperiode, in der sie trocken gehalten werden. Rohrstämmige Arten wollen etwas wärmer stehen. Alle *Epidendrum*-Arten haben ein großes Lichtbedürfnis.

Gongora galeata

Gongora

Gongora species

Die Gattung verdankt ihren Namen Don Antonio Cabrello y Gongora, dem Vizekönig von Neugranada und späteren Bischof von Cordoba. Es sind 50 Arten aus den Tropen Amerikas bekannt. An ihrem natürlichen Standort im Verbreitungsgebiet von Mexiko bis Peru und Brasilien wachsen die Pflanzen epi- und litophytisch. Die Pseudobulben sind immer zweiblättrig. An ihrer Basis entspringt der hängende Blütenstand. Die kompliziert gebauten Blüten haben sich an die Bestäubung bestimmter Bienenarten angepasst, deren Männchen keinen Nektar, sondern duftende Öle sammeln. Die eher gedeckte Farbe der Blüten kann innerhalb einer Art variieren. *G. galeata* (Bild links) stammt aus Mexiko und hat gelbbraune Blüten. Der Blütenstand von *G. quinquenveris* kann bis zu 80 cm lang werden. Die Blüten beider Arten duften.

Pflege: *Gongora*-Arten sind unempfindliche und leicht zu pflegende Pflanzen für den temperierten Bereich, die mehrmals nacheinander blühen können. Sie werden im Ampeltopf oder Körbchen kultiviert. Während des Wachstums muss für hohe Luftfeuchtigkeit gesorgt und reichlich gegossen werden. Die Blätter dürfen nicht besprüht werden. Die Sommermonate können die Pflanzen auch an einem geschützten Platz im Freien verbringen. In der anschließenden Ruhezeit wird nur noch mäßig gewässert.

Laelia purpurata

Laelia jongheana

Laelia

Laelia purpurata 'Rubra'

Die etwa 50 bekannten Arten der Gattung kommen von Mexiko bis Peru und in Brasilien vor. Sie wachsen meist epiphytisch, einige Arten ausschließlich auf bemoosten Felsen, aber auch terrestrisch. Von der Gattung *Cattleya* unterscheiden sie sich nur durch die Anzahl der Pollinien. Die Pseudobulben sind ein- oder zweiblättrig. Die Zierde der Pflanzen sind ihre großen, leuchtend gefärbten Blüten, die sie vor allem für die Züchtung interessant machen. Einzelne Arten blühen sehr lange.
L. anceps (Bild Seite 83) stammt aus Mexiko und hat rosa Blüten. *L. pupurata* ist die Nationalblume Brasiliens, *L. pumila* bildet nur eine Blüte aus, *L. tenebrosa* trägt 14 cm große, bronzefarbene Blüten mit roten Lippen.

Pflege: *Laelia*-Arten werden allgemein im temperierten Bereich und bei sehr hellem Stand kultiviert. Die aus Mexiko stammenden Arten sollten im Winter etwas kühler und trockener gehalten werden als die aus Brasilien stammenden Pflanzen. Zur Unterstützung der Blütenbildung reduziert man gegen Ende der Wachstumszeit bei ausreichender Luftbewegung das Gießen und Besprühen.

Laelia

Laelia purpurata 'Margarita'

Laelia purpurata 'Alba'

Laelia

Die schönsten Orchideen von A bis Z

Lycaste

Lycaste locusta

Die etwa 30 Arten der Gattung sind von Mexiko bis Peru und Bolivien sowie auf den Westindischen Inseln verbreitet. Die Pflanzen wachsen meist epiphytisch in Humusansammlungen, vorwiegend in höheren Lagen. An den Pseudobulben sitzen gefaltete Blätter, die nur eine Vegetationsperiode ausdauern. Die Blütenstände tragen meist nur eine einzelne, wachsartige, meist stark duftende Blüte, die am Grunde der Pseudobulben entspringt. Sie hält sich sehr lange und eignet sich deshalb auch als Schnittblume. *L. skinneri* wird relativ groß und ist die Nationalblume von Guatemala. *L. cruenta* trägt gelbliche Blüten, deren Lippen an der Basis einen auffälligen karminroten Fleck haben.

Pflege: Die Pflanzen werden ganzjährig an einem halbschattigen Platz mit viel Frischluft kultiviert. Dem Pflanzsubstrat kann etwas Humus beigefügt werden. Zu Beginn der kühlen (12 °C) Ruheperiode werfen die Pflanzen ihre Blätter ab. Dann wird nur noch so viel gegossen, dass die Pseudobulben nicht schrumpfen. Erst wenn man feststellt, dass die Wurzeln wieder zu wachsen beginnen, erfolgen regelmäßige Wassergaben.

Masdevallia coccinea

Masdevallia Kimballiana

Masdevallia coccinea 'Alba'

Masdevallia

Masdevallia Hybride

Die Gattung umfasst über 400 Arten, die in Mexiko sowie im gesamten tropischen Südamerika vorkommen. Der Großteil der Pflanzen wächst in höheren Lagen der Anden, meist als Epiphyt auf Bäumen, zum Teil aber auch als Lithophyt auf Gesteinen oder terrestrisch. Masdevallien besitzen ein kriechendes Rhizom, dem aufrechte, einblättrige Stämmchen entspringen. Die markanten Blüten werden von tellerförmig miteinander verwachsenen Sepalen dominiert, die meist in langen, dünnen Fortsätzen enden. Die Petalen und Lippen sind recht unscheinbar. Das Angebot ist sehr vielfältig, jede Art hat ihren besonderen Reiz wie zum Beispiel *M. coccinea* (Bild l. o.), *M. veitchiana, M. Kimballiana* (Bild l. m.).

Pflege: Die Kultur von Masdevallia eignet sich eher für „Spezialisten" und erfordert bereits etwas Erfahrung im Umgang mit Orchideen. Die Pflanzen müssen bei hoher Luftfeuchtigkeit und viel Frischluft gehalten sowie regelmäßig gegossen werden. Sie kommen mit vergleichsweise wenig Licht aus. Ein schattiger Platz an einem Ostfenster ist gut geeignet. Aber auch ein helles Nordfenster bietet manchen Arten noch genügend Licht. Die Gattung verträgt kein direktes Sonnenlicht und fühlt sich im Schatten größerer Pflanzen wohl.

Maxillaria grandiflora

Maxillaria

Maxillaria tenuifolia

Die Gattung ist mit etwa 300 Arten in den Tropen und Subtropen Mittel- und Südamerikas verbreitet. Die meist kleinen bis mittelgroßen Pflanzen wachsen epi- oder lithophytisch. Ihre Pseudobulben stehen in Abständen angeordnet oder sind gebüschelt und bilden einen rasenartigen Wuchs. Die Blüten, die immer nur einzeln am Blütenstand erscheinen, zeigen sich in Größe und Erscheinungsbild recht unterschiedlich. Die großwüchsige *M. sanderiana* besitzt dicht stehende Pseudubulben, an deren Basis die Blütenstände mit den auffallenden Blüten entstehen. Eine zwergige Art ist *M. sophronites* mit kriechendem Rhizom und relativ großen, leuchtend roten Blüten. Die Blüten von *M. tenuifolia* (Bild oben) duften sehr schön.

Pflege: Je nach Herkunft müssen die *Maxillaria*-Arten im kühlen oder temperierten Bereich kultiviert werden. Kleinwüchsige Arten pflegt man am besten am Block, Arten mit langen Rhizomen aufgebunden. In der Wachstumszeit brauchen die Pflanzen viel Frischluft und einen hellen Stand, jedoch keine direkte Sonne. Die kleinwüchsigen Arten sollten keiner Trockenzeit ausgesetzt werden, in der Ruhezeit brauchen sie einen kühleren Stand und reduzierte Feuchtigkeit.

Miltonia Hybride

Miltonia

Miltonia Hybride

Die rund 20 Arten der Gattung sind in den südamerikanischen Anden sowie Brasilien beheimatet. Sie lassen sich grob in zwei Gruppen einteilen. Die vorwiegend aus Brasilien stammenden Arten vertragen etwas mehr Wärme. Die andere Gruppe, die „Stiefmütterchen-Orchideen", wird der eigenen Gattung *Miltoniopsis* zugeordnet. Sie zählt zu den Nebelwaldorchideen der Anden und braucht ganzjährig kühle und feuchte Luft. Die am natürlichen Standort epiphytisch auf Bäumen wachsenden Pflanzen tragen meist abgeflachte Pseudobulben mit zwei Blättern.

Pflege: Die Zimmerkultur von *Miltonia*-Arten ist nicht ganz einfach, aber ihre herrlichen Blüten sind einige Mühe wert. Die Pflanzen gedeihen im temperierten Bereich, sind aber vor Sommerhitze zu schützen. Während der Wachstumszeit muss reichlich gegossen und für hohe Luftfeuchtigkeit gesorgt werden. Da die Wurzeln empfindlich auf Salz reagieren, darf man nur wenig düngen. Die Pflanzen brauchen viel Licht, vertragen aber keine direkte Sonne. In der kurzen Ruhezeit sollte nur so viel gegossen werden, dass die Pseudobulben nicht austrocknen.

Odontoglossum Radiant

Odontoglossum

Odontoglossum crispum

Die rund 100 Arten der Gattung haben ihre Heimat in den Gebirgsregionen des subtropischen und tropischen Mittel- und Südamerikas. Die Pseudobulben sind seitlich zusammengedrückt, tragen an der Spitze ein bis drei Blätter und bilden an der Basis traubenförmige Blütenstände, die in der Regel nach oben zeigen. Charakteristisch sind auch die meist gekräuselten Kron- und Kelchblätter. Von der Gattung *Odontoglossum* wurden 6 Arten zu der neuen Gattung *Rossioglossum* (siehe Bilder Seiten 88/89) zusammengefasst.

Pflege: Im temperierten Bereich können die mittelamerikanischen Arten aus tieferen Lagen kultiviert werden. Während der Wachstumszeit müssen die Pflanzen gleichmäßig feucht gehalten werden, danach brauchen sie keine ausgeprägte Trockenperiode. Es sollte nur so viel gegossen werden, dass die Pseudobulben und das Substrat nie austrocknen. Wer ein Kalthaus besitzt, kann sich auch an die Kultur der Bergwald-Arten wie etwa *O. crispum* („Stern von Kolumbien", Bild) wagen. Diese Arten verlangen ein kühles, feuchtes Raumklima. Die Wurzeln dürfen nicht austrocknen. Im Sommer sind die Pflanzen sehr hitzeempfindlich.

Odontoglossum

Odontoglossum Hybride

Rossioglossum grande

Odontoglossum

Oncidium insigne

Oncidium

Oncidium Hybride

Wegen ihrer Blütenformen wird diese Gattung auch „Schmetterlingsorchideen" genannt. Sie ist mit etwa 700 Arten in den Tropen und Subtropen Mittel- und Südamerikas verbreitet; mit der Gattung *Odontoglossum* ist sie eng verwandt. Der wichtigste Unterschied besteht darin, dass bei *Oncidium* die Lippe rechtwinklig zur Säule steht, bei *Odontoglossum* parallel zur Säule verläuft. Eine fleischige Schwiele (griechisch: oncos) gab der Gattung ihren Namen. Die Palette der Pflanzen reicht von zwergwüchsigen bis zu stattlichen Arten. Bei vielen Arten ähneln die gelb-braun gefleckten Blüten kleinen Schmetterlingen.

Pflege: Da die Gattung ein großes Verbreitungsgebiet besiedelt, muss man sich beim Kauf unbedingt genau nach den jeweiligen Pflegeansprüchen erkundigen. Die *Oncidien* sind klimatisch anpassungsfähiger als *Odontoglossum* und *Miltonia,* die meisten können wie *Cattleya* gehalten werden.

Während der Wachstumsphase brauchen alle Arten viel Feuchtigkeit, auch in der Luft, sowie etwas Schatten. In der Ruhezeit sind die Pflanzen sehr lichtbedürftig. Bei vielen Arten wie zum Beispiel bei *O. papilio* treiben die Blütenstände durch. Damit immer neue Blüten entstehen können, dürfen sie also nicht abgeschnitten werden.

Paphiopedilum

Paphiopedilum Hybride

Paphipedilum Hybride

Die schönsten Orchideen von A bis Z

Paphiopedilum

Paphiopedilum Hybride

Die so genannten Venus- oder Frauen-schuhorchideen gehören der Gattung *Paphiopedilum* an, die mit etwa 60 Arten ausschließlich in Asien, von Indien bis Neuguinea verbreitet ist. Die meisten Pflanzen wachsen terrestrisch auf mit Humus und Moos bedeckten Waldböden. Seltenere Standorte sind Felseninseln oder Astgabeln. Die Blätter sind fleischig, bei wärmeliebenden Arten auch häufig marmoriert. Jede Blattrosette bringt nur einmal einen Blütentrieb hervor, danach bilden sich in den Blattachseln neue Blattrosetten. Die Blüten sind in den unterschiedlichsten Farben kräftig getönt und reichen von Weiß bis Dunkelmahagoni.

Pflege: *Paphiopedilum*-Arten lassen sich im Prinzip einfach kultivieren. Alle Arten brauchen eine hohe Luftfeuchtigkeit und gleichbleibende Durchfeuchtung des Wurzelballens. Ebenso müssen sie gut beschattet werden. Warm bis temperiert zu kultivierende Arten sind *P. callosum* und *P. sukhakulii*. Im kühlen Bereich gedeihen *P. insigne* und *P. rothschildianum*. Da immer mehr dieser schönen Arten in ihrer Heimat stark dezimiert, sogar ausgerottet sind, sollte man auf die zahlreichen Züchtungen zurückgreifen zumal die *Paphiopedilum*-Hybriden robuster als die Arten sind.

Paphiopedilum

Paphiopedilum Phips

Paphiopedilum affine

Paphiopedilum

Paphiopedilum leucochilum

Paphiopedilum Al Hill

Paphiopedilum

Hybriden

Phalaenopsis

Phalaenopsis Hybride

Die etwa 40 Arten der Gattung sind in den feuchtwarmen Tieflagen Asiens bis Nordaustralien beheimatet. Dort wachsen sie epi- oder litophytisch und haben keine Pseudobulben. Die breiten, fleischigen Blätter sitzen zweizeilig an den kurzen Stämmen. Die Blütenstände werden seitlich ausgebildet. Am bekanntesten sind die Arten mit großen, im Umriss rundlichen Blüten. Der Name *Phalaenopsis* („nachtfalterähnlich") bezieht sich auf die großen, weißen Blüten von *Phalaenopsis amabilis,* die Stammart der Gattung. Sie ist auch an vielen Züchtungen beteiligt.

Pflege: Vor allem die *Phalaenopsis*-Hybriden sind ideale „Anfänger-Orchideen". Sie passen sich gut an Zimmer mit Zentralheizung an, vorausgesetzt, man sorgt für ausreichend Luftfeuchtigkeit und besprüht öfter die Blätter. Das Substrat darf nie ganz austrocknen, die Oberfläche kann bis zum nächsten Gießen austrocknen. So vermeidet man zu viel Nässe, die den Wurzeln schadet. Der Standort sollte hell, jedoch ohne direkte Sonneinstrahlung sein. Die Wurzeln brauchen viel Luft, was daran zu erkennen ist, dass sie gerne über den Topfrand wachsen. Die Pflanzen können mehrmals am gleichen Blütenstand blühen, wenn man diesen nach der Blüte etwa am dritten Knoten abschneidet.

Phalaenopsis Hybriden

Die schönsten Orchideen von A bis Z

Phalaenopsis Hybriden

Phragmipedium schlimii

Die schönsten Orchideen von A bis Z

Phragmipedium

Phragmipedium Sedenii

Der Gattung werden etwa 20 Frauenschuh-Arten zugeordnet, die in Mittel- und Südamerika, mit Panama als nördlichster Verbreitungsgrenze, beheimatet sind. Die Pflanzen wachsen vorwiegend terrestrisch und können sich zu stattlichen Exemplaren entwickeln. Die Petalen sind entweder den mittleren Sepalen ähnlich oder zu langen, dünnen Fortsätzen ausgezogen und können wie bei *P. caudatum* 75 cm Länge erreichen Der traubige oder wenig verzweigte Blütenstand erscheint endständig. Die Blüten öffnen sich gleichzeitig oder nacheinander. Die Lippe ist sackartig geformt, die Ränder nach innen gebogen. In der Anschaffung sind die Pflanzen allerdings sehr kostspielig.

Pflege: Alle Arten benötigen eine hohe Luftfeuchtigkeit und eignen sich deshalb nicht zur Kultur auf der Fensterbank. Man muss jedoch nicht auf diese faszinierende Orchidee verzichten, denn einige Hybriden gedeihen auch hier ganz gut. Es empfiehlt sich eine Kultur im temperierten Bereich. Bei niedrigen Temperaturen muss weniger gegossen werden als bei hohen. Das Substrat darf aber nie völlig austrocknen. Im Sommer müssen die Pflanzen gut beschattet werden. Die kleineren *Phragmipedium*-Arten fühlen sich wohl, wenn sie im Sommer in einem mit ein wenig Wasser gefüllten Untersetzer stehen.

Restrepia

Restrepia trichoglossa

Die Gattung *Restrepia* ist für Liebhaber kleiner Pflanzen geeignet. Die epiphytisch auf bemoosten Ästen im Nebelwald wachsenden Pflanzen sind mit etwa 40 Arten von Mexiko bis ins nördliche Argentinien verbreitet. Dort besiedeln sie vor allem größere Höhenlagen. *Restrepia*-Arten bilden keine Pseudobulben aus. Die einblättrigen Stämmchen stehen dicht beisammen. Auch die Blüten entwickeln sich nur einzeln auf einem verlängerten Schaft. Auffallend ist das mittlere Sepalum, das an der Spitze klöppelartig verdickt ist. Die beiden seitlichen Sepalen sind miteinander verwachsen und bilden den dominierenden Blütenteil. Die Petalen gleichen dem mittleren Sepalum.

Pflege: Die kleinwüchsigen Pflanzen benötigen eine aufmerksamere Beobachtung und Pflege als größere Pflanzen. Es empfiehlt sich eine Kultur im kühlen bis temperierten Bereich. Insbesondere ist darauf zu achten, dass die Pflanzen immer ausreichend mit Wasser versorgt sind, eine Austrocknung wird überhaupt nicht vertragen. Der Standort sollte schattig sein.

Sophrolaelio Cattleya

Sophronitis

Sophronitis coccinea

Die etwa 10 bekannten Arten der Gattung *Sophronitis* sind in Brasilien beheimatet. Die kleinen Pflanzen tragen verhältnismäßig große Blüten. Auf einem Rhizom stehen die einblättrigen Pseudobulben dicht gedrängt beisammen. An jedem Trieb entwickelt sich meist nur eine große, leuchtend gefärbte Blüte. *S. coccinea* wurde aufgrund ihrer großen, scharlachroten Blüten zu einer beliebten Kulturpflanze und diente bei vielen Kreuzungen als Partner von *Cattleya* und *Laelia (siehe Bild links)*. *S. cernua* trägt eine zwei- bis fünfblütige Infloreszenz. Die Blüten sind zinnober- bis orangerot.

Pflege: Die Pflanzen fühlen sich im kühlen bis temperierten Bereich wohl. Man kann sie auf Blöcken oder in flachen Schalen kultivieren. Wichtig ist ein heller bis halbschattiger Standort sowie eine erhöhte Luftfeuchtigkeit. Es empfiehlt sich, die Pflanzen abends und morgens zu besprühen, aber für schnelles Abtrocknen zu sorgen. In der Ruhezeit sollte man nur ganz vorsichtig gießen, die Pflanzen dürfen aber niemals ganz austrocknen.

Stanhopea

Stanhopea anfracta

Die etwa 50 Arten der Gattung haben ihre Heimat im tropischen Mittel- und Südamerika. Die Pflanzen besiedeln meist Bergwälder und wachsen epiphytisch, terrestrisch oder auf Felsen. Sie zeigen mehrere Eigenarten: Zum einen bilden sie viele Luftwurzeln aus, die nach oben zeigen und eine Art Nest bilden. Zum an– deren wachsen die Blütenstiele nach unten, weshalb man die Pflanzen nur in Körbchen kultivieren kann. Die großen, stark duften- den Blüten sind von exotischer Schönheit, verblühen allerdings schon nach 2–4 Tagen. Die kompliziert gebaute Lippe und die von ihr produzierten Duftstoffe dienen der Bestäubung, die durch Bienen erfolgt. Die bekannteste Art ist *S. tigrina, S. wardii* (Bild Seite 118) und *S. occulata* stehen ihr in nichts nach.

Pflege: *Stanhopea*-Arten sind recht robust und eignen sich im Sommer auch für einen Aufenthalt im Freien. Es empfiehlt sich die Kultur im temperierten Bereich. In der Vegetationsperiode muss man reichlich gießen und für erhöhte Luftfeuchtigkeit sorgen. Nach Ende der Wachstumszeit folgt eine ausgeprägte Ruhephase.

Die schönsten Orchideen von A bis Z

Stanhopea hernandezii

Stanhopea

Vanda tricolor suavis

Vanda

Vanda Blue Magic

Etwa 50 Arten der Gattung *Vanda* sind aus dem tropischen Asien und aus Nordaustralien bekannt. Alle Arten wachsen epi- oder lithophytisch und bilden zahlreiche dicke Luftwurzeln aus. Die riemenförmigen, ledrigen Blätter sind an einem langen Stamm regelmäßig zweizeilig oder sich gegenständig ziegelartig deckend angeordnet. Die großen, attraktiven Blüten sitzen an aufrechten Blütenständen, die seitlich aus den Blattachseln herauswachsen. Die wohl schönste Art ist *V. coerulea*. deren Blüten von einem unverwechselbaren Blau sind, das sonst bei Orchideen nicht vorkommt. Einen intensiven Duft verströmt die mehrfarbige *V. tricolor* (Bild links).

Pflege: Die Pflanzen gedeihen im temperierten bis warmen Bereich. Der Standort sollte ganzjährig möglichst hell bis sonnig sein, da die Pflanzen sonst nicht zur Blüte kommen. Deshalb ist evt. eine Zusatzbeleuchtung nötig. In der Wachstumszeit muss reichlich gegossen und täglich gesprüht werden, dabei sind die Luftwurzeln nicht zu vergessen. Im Winter wird weniger gegossen und nicht gesprüht.

Zygopetalum

Zygopetalum Hybride

Die etwa 40 Arten der Gattung *Zygope-talum* sind in den Tropen Südamerikas heimisch. Die epiphytisch wachsenden Pflanzen bilden eiförmige Pseudobulben mit zwei oder mehr schmalen Blättern aus. Die Blüten entspringen seitlich an den Pseudobulben und sind auffällig gefärbt und gemustert. Charakteristisch ist eine große Schwiele am Grunde der Lippe. Fast alle Arten bilden zahlreiche dicke, fleischige Wurzeln aus.

Pflege: *Zygopetalum*-Arten werden im temperierten Bereich kultiviert. Man hält sie in Töpfen, die nicht zu klein sein sollten, da die Wurzeln relativ viel Platz brauchen. Während des ganzen Jahres wird das Substrat mäßig feucht gehalten. Auch für Luftfeuchtigkeit ist zu sorgen. Dabei sollten die Blätter nicht besprüht werden, da sie sonst Flecken bekommen. Da die Blütenstände recht schwer werden können, empfiehlt sich, ihnen rechtzeitig an Stäben Halt zu geben.

Zygolum 'Louisendorf' ist eine Kreuzung aus *Zygosepalum* und *Zygopetalum* Artur Elle.

Zygopetalum

Orchideenträume

Die schönsten Orchideen von A bis Z

Psychopsis Mariposa

Die schönsten Orchideen von A bis Z

Ascocenda Hybride

Die schönsten Orchideen von A bis Z

Adressen und Informationen

Bezugsquellen

Schwerter Orchideenzucht
Bergstraße 8
58239 Schwerte
www.schwerter-orchideenzucht.de

Wilhelm Hennis Orchideen
Große Venedig 4
31134 Hildesheim
www.hennis-orchideen.de

Orchideen Zentrum Wichmann GmbH
Tannholzweg 1 - 3
29229 Celle - OT Groß Hehlen
www. orchideen-wichmann.de

Röllke Orchideenzucht
Flößweg 11
33758 Schloß Holte-Stukenbrock
www.roelke-orchideen.de

Wössner Orchideen
Hauptstraße 28
83246 Unterwössen
www.woessnerorchideen.de

Gartencenter Kiefls KG
Neurieder Str. 53
82131 Buchendorf
www.kiefls.de

Junginger Orchideen
Reuteweg 18
72229 Rohrdorf

Großäschener Orchideen
Seelenbinder Str. 21
01983 Großäschen
www. orchideenwlodarczyk.de

Orchideenzentrum-Chemnitz
Gartenbau GmbH
Zschopauer Str. 277
09126 Chemnitz
www.orchideenzentrum-chemnitz.de

Orchideen Rehbein
Curslacker Deich 270
21039 Hamburg
www.orchideen-rehbein.de

Asendorfer Orchideenzucht
Mühlenstr. 9
27330 Asendorf OT Graue
www. asendorfer-Orchideenzucht.com

Orchideengarten
Marei Karge
Bahnhofstraße 24
21368 Dahlenburg
www. Orchideengarten.de

Orchideengärtnerei Cornelia Neuhaus
Marke 3
42499 Hückeswagen
www.orchideen-neuhaus.de

Orchideen Netzer & Café Orchidee
Ortsstrasse 138
69488 Birkenau - Hornbach
www.netzer.de

Blumen Janke
Mackenbacher Straße 72
67685 Weilerbach
www.blumen-janke.de

Orchideen Kopf
Hindenburgstrasse 15
94469 Deggendorf
www.orchideen-kopf.de

Nüdlinger Orchideenladen
Am Pfaffenpfad 10
97720 Nüdlingen
www.orchideen-beck.de

Informationen

Deutsche Orchideengesellschaft e.V.
Im Zinnstück 2
65527 Niedernhausen
(mit bundesweiten Regionalgruppen)
www.orchidee.de

Vereinigung Deutscher
Orchideenfreunde e.V.
Mittel-Carthausen 2
58553 Halver
(mit bundesweiten Regionalgruppen
und Arbeitskreisen)
www. orchideenjournal.de

Österreichische Orchideen-Gesellschaft
Birkengasse 3
A-2601 Sollenau
www.orchideen.at

Schweizerische Orchideen-Gesellschaft
Postfach
CH Aarau
www.orchideen.ch

Orchideensammlungen

Botanische Gärten der Städte:
Berlin, Stuttgart, München

Orchideen-Ausstellungen

Münchner Orchideenmarkt
Großgaststätte Heide-Volm

Internationale Orchideenschau
im Kurpark Bad Salzufflen

Insel Mainau
Orchideenschau im Palmenhaus

Arten- und Sachregister